Ich heiße Joachim und ich bin

süchtig

Was habe ich für eine Wahl. Ich bleibe clean und lebe. Ich nehme Drogen und sterbe. Sterben werde ich nicht sofort, aber die Sucht lässt mich langsam aber sicher dahinsiechen.

Entscheide ich mich wirklich für den Tod oder wandelt sich mein Denken und Handeln dahin, wenn ich Drogen nehme? Sterben muss jeder einmal, durch ein cleanes Leben lässt sich durch eine genesende Haltung ein anderer Ausblick auf den eigenen Tod finden.

Impressum

1. Auflage   September 2015

Cover: Joachim

Veröffentlicht: BoD

Herstellung und Verlag:

BoD - Books on Demand, Norderstedt

ISBN 978-3-7386-4500-2

Inhaltsverzeichnis

Mit 10 Jahren stieg ich ein

Mit 19 Jahren stieg ich wieder aus

Mit 46 Jahren stieg ich wieder ein

Mit 49 Jahren stieg ich wieder aus

Alkohol, Haschisch, LSD, Tabletten, Heroin

Heute bin ich 56 Jahre und ich bin ausgestiegen

Was ist geblieben?

Warum bin ich geblieben?

Was ist geblieben?

Wer ist noch geblieben? Na gut! Meine Sucht ist geblieben.

Mehr ist wohl wirklich nicht.

Es ist genug.

Ich genüge mir mit meiner Sucht.

Vorwort

Dieses Vorwort ist schon ein Bestandteil dieses Buches. Es steht dem Buch ja soweit nicht vor, sondern nur am Anfang. Es sind nur die Wörter die bereits vor der Einleitung und dem Rest des Buches stehen. Hier fängt ja schon an, wie fraglich die Worte sind die wir Menschen benutzen.

Eine Danksagung schreibe ich nicht, ich wüsste auch nicht wem ich danken könnte, weil ich ein Buch schreibe? Wenn ich mich selbst frage, was denn überhaupt Dank ist, dann fällt mir dazu wenig ein, wem könnte ich denn danken und vor allen Dingen wofür? Sicher könnte ich sagen: Ich danke meiner Frau und meiner Familie. Meinen Freunden oder vielleicht meinen Eltern oder dem Verlag. Allerdings machen die doch hieran garnichts. Nein das sind wiederum nur Gedanken. Aus Gedanken allein kann ich nicht existieren. Da gehört noch was anderes dazu. Nenne ich es Seele oder meinen anatomischen Körper. Nehme ich alle drei zusammen als eine Einheit, komme ich mir selbst schon ganz nahe. Körper, Geist und Seele. Nur daraus gibt es für mich einen Sinn. Natürlich nicht immer, denn einer von den Dreien hat ja meistens etwas, was nicht okay ist. Manchmal sind es nur ganz kleine Begebenheiten, es schmerzt vielleicht im rechten Arm oder im Bauch, manchmal schläft auch nur ein Bein ein. Schon ist es vorbei mit der Harmonie. Gelassenheit ist da ein anderes Wort für diese Harmonie. Nun praktisch schließe ich daraus, dass ich nur mit mir selbst gelassen sein kann, ohne die anderen Menschen. Hm, wofür ich dann aber andere Menschen brauche ist ja wieder eine Frage? Vielleicht liebe ich ja manche anderen Menschen? Vielleicht ist es auch ja nur eine Gewohnheit? Ich müsste mir jetzt selbst ja erst mal erklären, wofür andere Menschen in meinem Umfeld notwendig oder gar wichtig sind. Das allein schon ist ein kompliziertes Denken. Zu allem benötige ich selbst, Antworten auf viele unendlich viele Fragen. Aber wo sollen die Antworten denn herkommen. Sie sind weder sichtbar, oftmals nicht einmal greifbar. So in diesem Sinne habe ich dieses Buch verfasst. Ich mag schreiben, es ist schwierig etwas darzustellen. Eine Beschreibung des Lebens zu machen. Denn häufig sind Worte nur Schall und Rauch und bringen letztendlich nur wenig ein. Handlungen die ich verrichte bekommen da schon einen viel besseren Wert. Daraus kann ich und auch andere Menschen sehen, was ich getan habe. Ich kann mir ein Bild machen, was erklärt wer ich bin? Na ja, das klingt ja nun auch schon wieder etwas abgehoben, abgehoben von dem was ich wirklich gerade hier und jetzt mache. Es ist zusammenzufassen in meine Handlungen im hier und jetzt: „ ich sitze hier nun an einem Schreibtisch aus Holz. Ich schreibe Wörter die ich kenne mit meinem eigenen Zehnfingerschreibstil Meine Fußgelenke habe ich übereinandergeschlagen. Aus dieser Sitzposition muss ich mich verändern, denn es fängt an zu drücken. Ich spüre diesen Druck an beiden Fußgelenken. Nun beginne ich zu denken und kann handeln. Ich löse diese Sitzposition auf. Stelle einfach meine beiden Füße nebeneinander. Inzwischen habe ich beide Beine etwas nach vorne geschoben, mir scheint das gemütlicher zu sein. Ich bekomme ein Hungergefühl in der Magengegend, mein Gehirn lässt mich aber noch weiter schreiben. Ich spüre nun das mir etwas unwohl wird.

Mein morgendlicher Toilettengang kündigt sich auch

schon an. Ich sehe hier die Dinge auf meinem Schreibtisch herumliegen und werfe einen Blick durch das Wohnzimmer. Ich werde etwas unruhig und werde mir gleich etwas zu essen besorgen...

So läuft meine Zeit immer weiter und ich merke bei genauer Betrachtung, wie viel ich mit mir: Körper, Geist und Seele zu tun habe. Ständige Veränderungen sind notwendig um gelassen und harmonisch mit mir leben zu können. Das hätte ich nicht gedacht, dass es doch so leicht und wirklich lebendig mit mir alleine ist. Wie wenig Zeit des Lebens bleibt da übrig sich noch wirklich hier mit dem Schreiben zu beschäftigen? Wahrscheinlich gelingt das nur im Geist oder sind auch die anderen Merkmale erforderlich. Mit der Dankbarkeit als Ausgangspunkt hat das allerdings wenig zu tun. Dankbar bin ich anderen Menschen schon, für manches, was die so von sich geben, da es mir und meinem Leben hilft, Dinge anders zu sehen beziehungsweise etwas neues zu lernen. Sicher ist das so. Wenn ich selbst nur für mich selbst lebe? Wo ich weiter drauf hinaus möchte ist folgendes. Wenn ich nun doch schon mit den Dingen des alltäglich Lebens so viel zu tun habe, allein schon daran arbeiten muss wie ich sitze oder stehe, wie ich satt werde und wann ich scheißen gehe. Wo bleibt da noch die Zeit übrig um für andere Menschen arbeiten zu gehen? Sicher ist das ein schmaler Grad, doch wahrlich betrachtet ist das nicht so sehr weit hergeholt. Ab einer bestimmten Stufe der menschlichen Grundbedürfnisbefriedigung nennt man Verhalten ja auch, Verwahrlosung oder asoziales Verhalten.

Ich weiß nicht so richtig weiter, hier höre ich jetzt nun mal einfach so auf und schließe dieses Vorwort ab. Viel spannendes und anregendes wird nun folgen...Unendlich davon ist allerdings nichts. Eben süchtig, manchmal auch verworren. Doch clean und oft damit völlig zufrieden wie es so ist.

Mein Leben und die Sucht.

Nun seit langem bin ich im Begriff etwas fruchtbares anhand meiner eigenen Geschichte darzustellen. Süchtig beschreibt mich in mir und meinem Wirken. Ich beschreibe mein Leben mit und um meine Sucht. Alkohol, Medikamente, Drogen und Nikotin als stoffgebundene Sucht.

Dazu rede ich von psychischen Erkrankungen. Vielleicht auch eine praktische Idee auf dem Markt zu profitieren. Bei mir ist denke ich das Problem mit meiner Sucht ausgeschöpft, da sich die Ursachen im Thema süchtig, durch suchtkrankes Verhalten mit meinen psychischen Störungen deckt. Außerdem bin ich skeptisch geworden, weil ich von verschiedenen Psychiatern und Psychologen stets andere Diagnosen bekommen habe. Irgendwie verlor ich dadurch den Glauben daran.

Ich wurde, weil ich Probleme in der Lebensbewältigung habe und hatte durch die verschiedensten Experten in verschiedenste Kategorien von Krankheiten gesteckt, damit diese daraus profitieren können oder mich sinnvoll in die Strukturen der Gesundheitsmedizin zu formulieren. Sicher ist das im sozialen Aspekt auch sinnvoll, weil sonst viele von uns, mich wahrscheinlich eingeschlossen, längst nicht mehr leben würden.

Ich selbst befasse mich seit vierunddreißig Jahren mit mir und meiner Sucht. Das heißt nicht, dass ich noch nicht länger mit der Sucht zu tun habe, vorher habe ich aktiv allerlei Drogen konsumiert. Diese Zeit eingerechnet beschäftigt mich dieses Thema bereits seit vierundvierzig Jahren. Fast unvorstellbar ist diese lange Zeit. Viele die so ein Leben wie ich geführt haben, sind längst daran gestorben. Ist es Zufall , ist es harte Arbeit an und mit mir? Sind es die immer wieder auftretenden Rückschläge. Sind es die Rückfälle nach langen Jahren. Ist es Glück? Oder gibt es etwas größeres als Menschen, was mich am Leben hält? Eine Höhere Macht? Größer als ich selbst? Eine Perspektive um mit dem was ich selbst daraus mache umzugehen? Mich nicht im Kreise zu drehen um merklich anders denken zu lernen? Nur was ist dann mit dem vielen was ich in den 56 Jahren erlebt habe? Wo bleiben die Gedanken und die Erfahrungen? Ich kann das stoppen in einem denken" Nur für Heute „. Das kann ich weiter führen ins nur für jetzt . Aber muss ich das überhaupt tun, nur um wieder etwas anderes zu denken und zu fühlen?

Für mich ist es heute so, dass ich bemerkt habe nach und von verschiedenen Dingen und Stoffen süchtig geworden zu sein. Kurz um verspreche ich mir viel von irgendwelchen Veränderungen im Verhalten oder meinen Handlungen. Für mich hat sich bestätigt dass ich selbst immer wieder Wege in das Extreme suche und darin auch sehr behaarlich und destruktiv bin. Destruktiv ist hier gemeint, ich verwende mich darin, das wieder zu zerstören, wo ich glaubte es hat mir gefallen und zudem auch gut getan. Doch meine ich allein schon, wenn ich glaube ist es zu spät, da ich es damit bereits bewertet habe. Sobald ich beginne zu bewerten bin ich nicht mehr frei und habe damit die Abhängigkeit durch die Bewertung errungen. Das mag für manchen paradox klingen, für mich selbst ist alles andere Denken viel zu schwierig um daraus einen unabhängigen Weg zu leben.

„Heute", ist dass was ich erlebe. Heute ist der einzige Tag an dem ich etwas tun kann. Das Buch süchtig ist meine Zeitreise durch die Welt des Handelns, des Denkens und des Fühlens eines Süchtigen in der heutigen Zeit. Die heutige Zeit sind die Jahre 2012 / 2014. Ich lebe und das erlebe ich gerne, zudem Leben bin ich clean von Drogen inklusive Alkohol.

Übrigens sind es jährlich circa 1000 Herointote, es sind jährlich circa 40000 Alkoholtote, es sind jährlich circa 150000 tote Raucher. Die Zahlen sind auf Deutschland bezogen. Irgendwie je legaler desto mehr. Welch eine Macht hat die Werbung und die Politik über uns alle? Was machen wir aus unserem einzigen Leben?Nicht nur die Werbung sondern die ganze Erziehung, angefangen im Elternhaus, im Kindergarten, in der Schule und auf der Arbeit? Ich hab früher immer gedacht, Heroin ist die schlimmste aller Drogen, Alkohol ist auch schlimm und Zigaretten sind harmlos gegen die anderen stoffgebundenen Drogen. Manchmal wenn ich in meine Selbsthilfegruppe gehe, denke ich mir aus, was ich denn zu sagen hätte: Ich beginne den ersten Satz und bemerke es ist nicht der Satz den ich mir ausgedacht hatte. Ich wähle ganz andere Worte, doch spüre ich ein wohliges Gefühl, ein Gefühl von Harmonie zwischen Körper, Geist und Seele. Ich rede weiter und merke dass ich direkt dass ausspreche was ich denke. Die Konzentration auf das was ich sage ist nicht erforderlich, denn ich sage was ich zu sagen habe und nicht dass, was ich dachte es zu sagen zu haben. Das macht mich frei und ich bin zufrieden mit mir. Nicht gelenkt von mir und meinen Gedanken, sondern von einer anderen Kraft oder Macht die mich in mir und mit mir frei handeln und wandeln lässt.

Eine Philosophie:

Das Wahre ist das, was wir „Leben" nennen und nicht das was wir denken. Was wir denken, sind nur Gedanken, Gedanken benennen häufig nicht das Leben, sondern spiegeln uns schöne und nicht so schöne Gefühle aus der Vergangenheit.

Nehmen wir an, dass wir unser Leben leben und wissen, dass wir in der Realität nichts mehr mit dem Vergangenen zu schaffen haben, können wir das Leben wie unsere Kinder leben. Wir denken weder an die Zukunft noch an die Vergangenheit. Leben im hier und jetzt und wir vergessen die vielen überflüssigen Gedanken die häufig den Fluss zwischen Körper, Geist und Seele hindern wahrlich lebendig zu sein. Es ist unser einziges und schönes Leben, welches sich nicht mehr stören lässt von der Last der nur gedanklichen Wahrnehmung. Es ist und es bleibt im Fluss unseres einzigen wirklichen Lebens.

Die Weisheit meines Lebens ist eine Zusammenfassung von dem was mit mir und in mir selbst ist.

Frei von den Irrtümern des geistlichen Glaubens an der Schöpfung nur aus dem Gehirn.

Ich brauche keine Organisationen und auch keine Systeme die mich wegweisend in die Irre führen und führten.

Weder Rang noch Namen haben mir jemals geholfen um zu erkennen wer und was ich selbst bin.

Die Erfahrung meines einzigen Lebens hat mir gezeigt zu was ich fähig bin, wenn ich in die Irre gegangen bin und umgekehrt, wenn ich auf mich aus meinem inneren gelebt habe.

Der Weg den ich gehe ist der Weg der Genesung und der Freiheit!

Der Weg hat mit meinem Anfang begonnen und wird mich bis zu meinem Ende tragen. Meine Erfahrungen werden mich auch weiterhin dahin begleiten, dass ich selbst der Weg bin den ich gegangen bin und den ich gehen werde.

Ich glaube ich bleibe immer der, der ich immer war.

Süchtig

Zur Jahreswende 2008 / 2009 war ich von meinem Leben ziemlich stark angeschlagen. Ich trottelte in der Psychiatrie herum, in Verzweifelung und Hoffnungslosigkeit. Ich war allein, arbeitslos und ich denke auch im Denken, im Fühlen und im körperlichen schwer gestört. Ich hatte ja bereits eine ziemlich verworrene harte Zeit hinter mir und mein Fühlen, Denken hatte sich gerade von den Selbstmordversuchen und Rückfällen mit Alkohol, Tabletten und Heroin erholt.

Mein finanzielles Budget war äußerst begrenzt, was nicht bedeutet, dass ich mit mehr Geld, mehr hätte für mich erreichen können. Mehr Geld hätte mir vielleicht ein paar Angelegenheiten etwas erleichtert, doch ob das wirklich stimmt, wage ich zu bezweifeln. Denn Geld ist faktisch nur ein Zahlungsmittel für unnötigen Wohlstand, unser System, gibt meiner Ansicht nach die lebensnotwendigen Mittel von selbst für jeden aus. Da fehlt es nicht an Euro, sondern an einer gesunden Einstellung im Denken, Fühlen und Handeln.

Mit Geld kann ich mir lediglich mehr zu essen kaufen als

notwendig ist. Ich kann mir ein Haus, ein Boot und so weiter leisten. Obwohl das selbst keine Leistung ist, die mir inneren Frieden und die notwendige Ruhe verschafft. Dazu gehört meines Erachtens nach etwas anderes und das wiederum liegt in einem selbst oder besser noch, an einem selbst.

Nun also habe ich für mich das Notwendige begriffen und beginne damit es in diesem Buch zu erfassen. Das Buch wird eine Auseinandersetzung mit dem, was in den letzten zwei Jahren mit mir geschehen ist. Der Titel dieses Buches ist:

„süchtig"!

Süchtig habe ich das Buch genannt, weil mir im Laufe der Zeit klar geworden ist, dass mein gesamtes Leben zu mir gehört und sich das Leben nicht in gutes und schlechtes aufteilen oder noch schlimmer begrenzen lässt. Alles ist so wie es ist, genauso wie alles so war wie es war. Mein Leben hatte viele Tiefen mit vielen tiefen Abgründen aus denen ich erst einmal merken musste, was es überhaupt zu bedeuten hat zu leben. Den Sinn zu entdecken der sich daraus ergeben hat.

Zwölf ist die Anzahl der Therapien die ich im Laufe meines bisherigen Lebens hinter mich gebracht habe. Das waren Therapien! Eine hohe Anzahl, kaum jemand bekommt so viele Therapien überhaupt von den Kostenträgern bewilligt. Eine dauerte länger als zwei Jahre, die haben da bestimmt einen Fehler gemacht, aber das weiß ich nicht. Nach und während der elften Therapie habe ich darüber, bis auf den Inhalt der nachfolgenden zwölften Therapie, bereits ein Buch veröffentlicht. Einige Therapien davon sind für mich persönlich sehr aufschlussreich, andere sind einfach nur katastrophal gewesen, wieder andere waren hilfreich für mich, aber sie sind aus heutiger Sicht nur soweit wirkungsvoll gewesen, wie ich selbst in den Therapien gewirkt habe.

Anfangs hatte mich das stutzig gemacht, denn ich meinte vorher immer, dass ich von den Psychologen / Therapeuten notwendige Änderungen lernen kann. Was allerdings letztendlich nicht der Fall war! Schlussendlich kann ich heute sagen, dass die ganzen Therapien nur Modelle sind, die mich als Mensch wieder auf eine Spur im Leben bringt, wo ich feststellen kann, dass sich mein Leben lohnt oder auch nicht. Dass es Sinn macht und das ich mit dem Vergangenen wie es auch immer war, klarkommen kann und muss, da mir eh nichts anderes übrig bleibt.

(Den Satz muss man sich auf der Zunge zergehen lassen)

Das bedeutet, ich kann daraus Schlüsse ziehen, aber ich kann es nicht mehr verändern. Das Gewesene ist vorbei und auf jeden Fall ein Abschnitt in meiner Zeit gewesen! Das ist so und lässt sich nicht leugnen. Obwohl ich häufig Menschen kennengelernt habe, die der Meinung sind, dass sich vergangene Lebensabschnitte durch Therapie wegtherapieren lassen. Die als negativ eingestuften Gefühle oder besser Blockaden sollen sich im nichts auflösen. Daran kann ich mich nicht gewöhnen und ich glaube da auch nicht, dass das überhaupt möglich ist. Jedenfalls nicht bei mir!

Aufschlussreich möchte ich sagen, ist für mich, dass ich im Laufe der Jahre immer gelassener damit umzugehen weiß. Eins hat sich ganz sicher verändert und das bin nicht ich, sondern es ist mein Denken um mich.

Denken führt mich zu dem, was ich mache und aus den Taten lerne ich das ich mit jedem Weg des Denkens zu dem gelange, was mich ausmacht. Nicht was es mir ausmacht, nein das ist nur die Folge des Denkens und ich bezeichne es mit fühlen.

Dass es inhaltlich für mich so anzunehmen ist, lässt sich an mehreren Beispielen auch belegen. In der Zeit, wo ich noch Heroin gesnieft habe, habe ich im Denken eine andere Weise erlebt. In den beschissenen Situationen ist es mir gelungen, gelassen damit umzugehen, allerdings nur im Rausch.

Aber wo will ich drauf hinaus. Ich möchte nur gerne und natürlich auch für mich selbst, Gedanken verfassen, die im Grunde gleichgültig sind, aber doch den Anschein erwecken, dass sie wichtig sind.

Das Leben ist ja doch ein Gleiches! Ich denke es ist bei allen, jedem einzelnen Menschen gleich. Daher kommt es für mich auch dazu, dass wir Menschen alle gleich sind. Ich denke auch, dass es grundsätzlich so ist und ich versuche, das auch zu erklären. Wir werden geboren und sind mit den gleichen Bedingungen ausgestattet.

Nur was wir daraus machen, gibt den Anschein, dass wir alle verschieden sind.

Ich denke das ist eine schöne Philosophie und meine auch, dass sich darauf ein zufriedenstellendes Leben aufbauen und dann auch wieder abbauen lässt. Natürlich ist der Lauf des Lebens ja auch bei jedem gleich. Normalerweise werden wir gezeugt und haben danach den gleichen Weg vor uns. Von der Mutter ausgetragen, werden wir in die Welt gesetzt. Wir wachsen unter den verschiedensten Bedingungen auf. Wir werden selbstständiger, wir gründen eigene Familien oder auch nicht, wir bekommen selbst Kinder, die Kinder wachsen heran, wir gehen arbeiten oder auch nicht, wir werden älter und älter (durch die Medizin immer älter), wir werden krank und dann sterben wir und sind danach auch für immer verschwunden. Das heißt, wir vergehen in der Erde oder lassen uns gleich verbrennen. Ganz nüchtern gesprochen:

„Von einem Menschen bleibt nichts!"

Geboren um zu leben, gelebt und gestorben um zu vergehen. Das finde ich nicht mehr hart, sondern realistisch. Viele Menschen versuchen, genau diesen Bedingungen zu entfliehen. Ich bin der Meinung, dass es ein sehr schönes Gefühl ist, so zu denken. Mir ist so wenigstens klar, dass die Religionen dieser Welt nur Gedanken sind, die uns etwas anderes versuchen zu erklären.

Ich habe noch nie jemanden gesehen, der schon mal tot war!

Mir persönlich ist es auch noch nie gelungen aus dem denken an Gott oder anderen höheren Geschöpfen neues Leben zu entwickeln. Ich habe das nun auch gelassen, um mir selbst damit nichts vorzumachen, was es real nicht gibt. So wird es wohl sein, dass jeder/e Einzelne sich nun selbst damit begnügen muss.

Dass, das Leben ein klares und einfaches Leben ist!

Das ist so einfach und doch auch wunderschön: *„Denn, mir fällt es schwer anderen vorzutäuschen, ein andere zu sein, als ich bin (das ist nur möglich wenn ich mich nach außen anders gebe, als ich fühle) Unmöglich ist, vor mir selbst ein anderer zu sein, als ich bin"*!

Da schließt sich der Kreis in mir und ich verstehe mich nun auch soweit damit, dass es nichts ausmacht, wie ich lebe. Bleibe ich bei mir selbst, brauche ich mich nicht darum zu kümmern was andere denken und tun!

Eigennutz ist da ein treffendes Wort und es entlässt mich

dahin, dass ich nicht entscheiden muss, was richtig und falsch ist. Es ergibt sich in diesem Handeln so eine Freiheit, wofür ich im Sinne des Wortes nichts zu bezahlen habe. Ein beruhigendes freies Denken und Fühlen, was natürlich auch kein Geld benötigt. Damit kann ich mich selbst aus der Realität ein Stück weit zurücklehnen. Das war ein ziemlich anstrengender Weg, doch der Lohn für diesen Weg ist eine Freiheit die ich mir lange Zeit in meinem Leben nicht gegönnt habe. Auf wie vielen Sockeln ich gestanden habe um was zu sein, kann ich heute nicht mehr sagen:

Suchtmittelabhängigkeit, schon als zehn – jähriger Junge habe ich übermäßig Alkohol getrunken. Meistens bis ins Koma.
Drogen kamen mit fünfzehn Jahren dazu. Natürlich im übermäßigem Konsum.

Erste Suchttherapien mit neunzehn Jahren. Meine psychischen Schwierigkeiten fanden nirgendwo Aufmerksamkeit. Ich selbst konnte mir aus den Therapien kein sinnvolles handeln entwickeln.

Polytoxikomanie

Sechsundzwanzig Jahre abstinent von Drogen, Alkohol und Tabletten folgten. Viele meiner Tätigkeiten waren in diesen Jahren von meinem extremen Verhalten geprägt.

Scheidung von meiner ersten Frau und der erste Selbstmordversuch kündigten in den folgenden drei Jahren Erkenntnisse um meine psychischen Schwierigkeiten an, doch soweit ich zurückdenken kann, hatte ich die schon immer. Das heißt ja mal etwas mutig gesprochen, wer weiß schon wo das alles so herkommt. Ich meine hier das süchtige und mein extremes Verhalten. Wenn ich später geboren wäre hätte ich bestimmt ADHS bekommen (das gab es zu meiner Zeit noch garnicht. Ist es nun die Erfindung einer neuen Krankheit ?) Dann hätte es bestimmt auch Ritalin gegeben und ich wäre dann schon früher süchtig geworden?

Die Scheidung von meiner zweiten Frau und weitere

Selbstmordversuche brachten mich dazu ein Bild von mir zu bekommen, welches auch die psychischen Schwierigkeiten in bewusste Gedanken formulieren ließ.

Politoxikomanie (als ich das 1979 zum ersten mal gehört habe fand ich das total cool)

posttraumatische Belastungsstörung

Bipolarität

rezidivierende Depressionen

Diese letzten Erkenntnisse haben für mich eine zwar schwierige Zeit gebracht, doch es entsteht im Bewusstsein um diese „ psychischen Erkrankungen", ein *offenes Bild* meiner eigenen Geschichte. Die zum Teil heftige Lebens – und Überlebenssituationen geben mir heute Recht darin, dass ich viele Jahre eine Lüge gelebt habe. Heute bin ich froh darüber, dass es so gekommen ist wie es ist und ich lüge mich selbst nicht mehr an. (Jedenfalls soweit ich das überblicken kann) Diese anders gewordene Art in meinem Leben, nenne ich bewusst:

<u>süchtig</u>

Nur durch Selbsterfahrung und durch eigenes nicht von Manipulationen gesteuertes Denken gewinne ich das, was ich erlebt habe und aus Angst in mir versteckt habe, heute noch einmal mit klaren und offenen Augen. Wachsam kann ich nur sein, wenn ich wach bin! Das ist meine Logik und ich finde es ist eine sehr einfache Logik.. .

Die durch die Tiefen ihres Lebens gehen, erst die können sehen wer sie selbst immer waren und sind. Andererseits scheint es mir selbst auch nicht anders denkbar, weil ich bis heute nichts oder nur wenig anderes erlebt habe. Eine wirklich wahre Gestalt erblüht aus dem Handeln in selbstbestimmter Weise.

Ich heiße Joachim und ich bin süchtig

Der Titel des Buches, weil ich im Anschluss an 12 absolvierten Therapien zu anderen Entschlüssen gefunden habe, diese sagen mir, dass die Form der Psychologischen und psychiatrischen Betreuung eine zwingende Gesetzmäßigkeit haben . Das entschließe ich daraus, dass die Behandlung durch die Ärzte und Psychologen letztendlich darauf beruht, was ich selbst Ihnen an die Hand gebe oder Ihnen in den Mund lege. So kommt bei mir ein Misstrauen auf, was mich zu dem Entschluss führt, dass mir so oder so nichts anderes übrig bleibt, als mit dem eigenen Denken zu den Hilfestellungen Bezug zu nehmen. Schließlich fasse ich das für mich selbst so zusammen, dass ich mit mir auch nach so einer Behandlung trotzdem auf mich alleine gestellt bleibe. Um auf den Grund dieser Angelegenheit zu kommen stelle ich also fest, das die Anteilnahme des Arztes oder der Therapeuten nur ein vorübergehender Bezug ist, den ich aufnehmen kann. Mir selbst ist damit nur insoweit geholfen, dass das was ich mit diesen Leuten bespreche auch ausschließlich soweit führt, wie ich mich selbst zu erkennen gebe. Eine vielleicht unbedeutende

Idee, aber für mich ist daran zu erkennen:. „Das sich eine ganzheitliche Therapie, nicht mit Geld regeln lässt"!

Für mich bedeutet das allerdings ziemlich viel, denn ich dachte, in den Formen der Therapie vom Geld unabhängig zu sein und mein Dasein als Mensch, einzig auch die Bedeutung der Therapie darstellt. Doch weit gefehlt: Die Therapie ist ein Programm eines/er Therapeutin, die ein bestimmtes Konzept im Laufe der von der Krankenkasse bewilligten Therapiestunden, durchzieht. Es wird zwar am Anfang eine Anamnese gemacht, die dem Zweck des Kennenlernens dient, aber nicht den Zweck erfüllt, dass mir als Patienten geholfen wird. Zudem bleiben die gesamten Inhalte im Laufe der Therapie gestützt auf das Vorgehen von bestimmten Programmen. „ Programme hindern mich daran, dass ich erkennen muss, dass die Therapie nur bis zu einer vorgegebenen Grenze durchgeführt werden kann"!

Mich hat das am Anfang doch verblüfft, da ich immer dachte, der / die Therapeut wüssten etwas, was ich selbst nicht weiß.

Sicher waren das insgesamt schöne und manchmal auch gehaltvolle Gespräche. Doch in der eigenen Denkweise korreliert die Begrenzung an Zeit mit dem, woran sich die Arbeit zwischen Therapeut / in und mir messen lassen will, was ja auch heißt, dass ich als Patient, mit mir und meiner Krankheit allein da stehen bleibe, wo ich vorher auch schon längst gewesen bin. Ich finde das nicht mehr verblüffend, stelle aber fest, das diese Art der Behandlung von Menschen, ja auch immer wieder in einem Desaster für den Patienten endet. Ich bringe ein Beispiel aus einer meiner Therapien: Ich bekomme eine schwere Krise die für die Handlungsweisen eines süchtigen typisch ist. Die Krise, die in meinem Inneren ja eine für mich bösartige Form annimmt, kommt voll zum Ausbruch. Ich verlasse ohne irgendein Wort zu jemandem die Klinik, setze mich in einen Zug und fahre zuerst ziellos durch die Gegend. Ein Zurück gibt es nicht mehr. So steuere ich den Bahnhof an und verbringe eine Nacht im Hotel. Die Absicht mich selbst zu töten, verblasst im Laufe der Nacht immer mehr. So erwache ich am anderen Morgen im Hotel und mir wird langsam bewusst, was ich getan habe.

Am Abend dieses Tages gehe ich in die Psychiatrie, denn mir ist letztendlich nur die Angst vor mir selbst übrig geblieben.

Mein Fazit: „Die Hilfe durch die Therapie hat keinen Erfolg, da ich aufgrund meiner Erkrankung, in Krisensituationen, aus dem System, was ich mir selbst aufgebaut habe, ausbreche"!

Das mag sich zwar merkwürdig anhören, doch für mich selbst hat das ja eine weitreichende Bedeutung. Ich widersetze mich der Therapie, sobald ich in eine Krise gerate. Dadurch fehlt mir ja auch die Maßgabe und das Vertrauen. Mir bleibt ja nichts anderes übrig als für mich selbst etwas zu finden, was mir diese Gefahr eindeutig vom Leibe hält." Ich muss folglich dafür sorgen, das ich nicht in solche Krisen gerate"! Da bleibt es natürlich fraglich ob das überhaupt möglich ist`? Vor allen Dingen bei einem süchtigen mit chronischen psychischen Erkrankungen.

Doch da wird es ja anscheinend schwierig. Wie soll ich mich schützen, wenn doch diese Krisen krankheitsbedingt immer wieder auftauchen?

Ist und bleibt das jetzt ein ständiges Spiel mit dem Feuer?

Welche Möglichkeiten bleiben übrig?

Eine heißt Verhaltensänderung, aber was tue ich, wenn ich doch immer wieder mit dem „Auf und ab der Sucht, der Manie und Depression" leben muss, da ich ja krank bin und bleibe?

Medikamente, könnte das eine Lösung meiner Probleme sein? Ich bin Polytoxikomane, das bedeutet mehrfachabhängig. Medikamente wären ein gefährliches, aber auch ein verlockendes Spiel.

Disziplin ist ja auch noch so ein schönes Wort. Nur was wird es mir bringen?

Also, das bringt scheinbar nicht den Erfolg. Da stellt sich mir dann die nächste Frage: „ Wozu brauche ich Erfolg"? Im Grunde genommen, ist Erfolg keine Notwendigkeit in meinem Leben. Erfolg hat häufig auch nur damit zu tun, dass ich was anderes darstellen möchte, als ich in Wirklichkeit bin. Also schließe ich einmal aus, das ich Erfolg benötige für mein Leben. Es fühlt sich schön an, erfolglos zu sein. Erfolglos sein ist so als hätte ich es aufgegeben mir Ziele zu setzen um diese zu erreichen. Das ist eine schöne Gabe. Aus meiner Vergangenheit kann ich sagen, dass ich hart daran gearbeitet habe, mir Ziele zu stecken und diese dann auch zu erreichen. Was hat es gebracht? Ich könnte mir vorstellen, dass es das Selbstwertgefühl steigert. Nur was ist Selbstwertgefühl überhaupt? Ist es ein Gefühl oder ist es eine Bewertung die ich meinen Gefühlen erst mal antun muss, nur um wieder jemand zu sein, der ich nicht bin?

Oder steckt da etwas ganz anderes dahinter? Vorstellen könnte ich mir noch, dass Menschen die unsere derzeitige Realität und die Geschichte mit dem Geld entwickelt haben, solche trügerischen Wörter in unser Denken durch Bildung eingebaut haben. Das verfolge ich mal ein Stück weit.

In der Industrialisierung wird der Mensch durch seine Arbeit (ein immer gleicher Rhythmus von irgendwelchen Tätigkeiten) gezwungen, etwas zu tun, um dadurch Geld zu bekommen. Um mit dem Geld sein Leben zu bestreiten. Im Lauf der Zeit stellt der Mensch aber fest, dass die Arbeit ihn psychisch stark angreift. Nun scheint es so als könnte er durch Mehrarbeit und die Entwicklung von eigenen Strategien, vom eigentlichen Arbeiter, in irgendeine leitende Position, beruflich aufsteigen. Dadurch bekommt er eine andere Arbeit, die ihn zwar geistig mehr fordert, aber das Gefühlsleben bringt ihn an dieser Stelle dazu, aus der Arbeit eine Art der Befriedigung zu entwickeln. Diese neue Arbeit bringt zudem noch einen höheren Lohn mit sich. Der arme Mensch selbst glaubt nun daran, das er etwas mehr bedeutet, als die Menschen die seinen vorherigen Beruf oder Job ausüben. „Er hat nun also ein Gefühl und nennt es Selbstwertgefühl und das lässt sich steigern im beruflichen Aufstieg"! Mir wird klar, dass das eine böse Falle ist. Denn im Leben ist der Wert des Menschen nicht zu steigern oder überhaupt zu messen. So ist die Bahn die der Mensch dort eingeschlagen hat, wohl oder übel eine schiefe Bahn.

Wenn ich mich selbst daran messe bleibt mir nichts übrig, als in der Depression zu landen, weil die ganze Sache ja auch einen Haken hat, ich muss immer mehr werden um immer mehr zu sein!

Nun habe ich Selbstwertgefühl und ich denke mir, das sich das in Euro messen lässt. Den Schaden an der ganzen Sache, den trage ich natürlich selbst davon. Das scheint also nichts vernünftiges zu sein: „Damit hatte ich mich auf ganz dünnem Eis bewegt und bin dann natürlich auch von oben herabgefallen und diesmal auch bis nach ganz unten"! Das Selbstwertgefühl ist jetzt auch voll im Keller gewesen. Was ja auch eine logische Folge von dem oben beschriebenen ist. Also geht der Weg durch ein Selbstwertgefühl in ein anderes schöneres Leben zu kommen natürlich auch völlig schief: Selbst – Wert – Gefühl = Ich – Koste – Gefühl! Was für ein Irrsinn allein schon bei der Auseinandersetzung des Wortes allein.

Das bedeutet bei dieser Auslegung, dass ich dem Selbstwert Gefühl koste, ganz schön hart, aber sehr leicht verständlich, da mag ich sagen, das war bei mir so. Ich arbeitete und bin vom Radladerfahrer zum Abteilungsleiter aufgestiegen. Mehr Verantwortung und mehr Geld. Allerdings wusste ich nie was Verantwortung überhaupt ist. Was ist eigentlich Verantwortung? Mehr Geld um mehr zu bezahlen, da fällt mir ein, dass ich so viele Bedürfnisse gar nicht habe um mir ständig etwas zu kaufen, wo ich mich hinterher drum kümmern muss.

Ich verlasse diesen Weg und komme zu anderen Ideen und Möglichkeiten, mein Leben mit Sinn zu erfüllen, aber was bleibt da eigentlich noch übrig? Ohne Sinn macht das Leben ja keinen Sinn. Aber wozu benötige ich eigentlich einen Sinn in meinem Leben? Ist die Antwort nicht auch nur die, dass ich etwas machen muss, um etwas zu sein? Das geht also dann auch wohl oder übel in die Richtung die mit dem Selbstwert zu tun hat. Das ist schon verzwickt und von bestimmten Menschen auch ganz bestimmt so aufgebaut. Ich frage mich selbst nun: Warum ist das ganze System in dem ich hier lebe so aufgebaut? Das fühlt sich auch irgendwie beruhigend an. Zu denken, dass ich damit nicht einmal einverstanden bin. Mir selbst überhaupt nicht erklären kann, wozu diese Struktur, die ja von allen Seiten bestimmend wirkt, so ist wie sie ist? Hat es die Aufgabe im Leben, den Notwendigkeiten zu folgen, indem ich ein geregeltes Leben führe um im Rahmen der Gesetze und Richtlinien hier ein Bürger zu sein, der sich das ohne zu murren gefallen lässt und nicht streikt, koste es was es wolle?

Das ist unfassbar so zu denken, aber es ergibt sich ein wohliges Gefühl in meinem Bauch. Sind das nicht Erkenntnisse, die ich schön in meinem Leben gebrauchen kann? Ich merke schon, vieles von dem was ich schreibe, sind letztendlich nur Fragen, Fragen für die mir im Denken auch Antworten fehlen. Das ist ja seltsam, da ich doch immer dachte, diese einfachen Fragen sind auch einfach zu beantworten. Weit gefehlt, doch was sagt mir denn nun dieses für mich wahre erkennen? Es sagt mir doch, das es anderes im Leben gibt, was mir mein Leben so angenehm wie möglich macht. Ein Leben mit vielen Fragen! Ein Leben ohne Antworten! Ein Leben in dem das Empfinden, von dem was ich erlebe eine große Rolle spielt. Stelle ich einfach und äußerst gelassen einmal fest, dass sich meine Leben nicht in Worte, Fragen und Antworten fassen lässt, so denke ich mir im „Fluss des Lebens" angekommen zu sein! Also bedarf es doch nur der Freude darüber, dass es so einfach und ich möchte sagen genial ist. Einfach weil ich es nicht mehr für notwendig erachte, Antworten zu finden um mir darauf ein lebenswertes Gerüst aufzubauen, das sich ja meistens doch anders anfühlt, als ich es beschreiben könnte.

Aber wo lande ich da, wenn ich einfach unterlasse, mich mit dem zu befassen, dass wir mit den Worten, die wir haben, Fragen stellen können, aber doch keine korrekte Antwort erhalten? Das verblüfft mich und nun soll ich glauben, dass wir es möglich machen können, Verhalten und andere biologische Prozesse so zu verändern, dass da ein Mensch mit anderen Gefühlen herauskommt. Ich kann es kaum fassen: Aber es scheint eher so zu sein, dass wir durch die Entwicklung, der Industrialisierung und der Sozialisierung zu dem gekommen sind, was wir heute tatsächlich haben.

Erschreckend finde ich das auf jeden Fall, denn durch die sogenannte Entwicklung zu den Menschen der Gegenwart, haben wir letztendlich nicht erreicht, was wir erreichen sollten und wollten. Zumindest kann ich das nicht sehen. Eine Folge die doch unüberschaubar ist. Also bleibt natürlich auch wieder eine einfache und doch so unerklärliche Frage übrig. Wer bin ich? Ich finde keine Antwort auch wenn ich noch so sehr suche. Sicher ich kann sagen. Ich „bin wer ich bin" oder wie schon andere: „ich denke also bin ich oder ich fühle also bin ich". Diese Palette kann ich natürlich immer so weiterführen, doch ist das eine Antwort auf die Frage. Wer bin ich? Oder die Bibel sagt zum Beispiel: „ An ihren Taten sollt ihr sie erkennen"! Auch sehr schön, doch welche Taten sind damit gemeint? Ist da das Positive gemeint, wo ich ja auch erst einmal wieder entscheiden muss: Was ist überhaupt positiv? Ein unendliches Spiel, was ich damit angefangen habe und doch wieder so einfach. Meine Antwort auf die Frage, wer ich bin lautet: „Ich weiß überhaupt nicht wer ich bin"! Das ist eine nette Antwort auf die Frage, denn diese Antwort gibt mir Ruhe und Gelassenheit, denn ich brauche mir nicht mehr den Kopf über solch schwierige Fragen machen. Einleuchtend und klar, so wie ich es am liebsten mag. Das beantwortet so viel und gleich viele Antworten auf viele Fragen. Ich kann ableiten, dass ich gar nicht wissen muss, wer ich bin. Ich kann ableiten, dass ich überhaupt kein Selbstwertgefühl brauche, weiter kann ich davon ableiten, dass das Leben keinen Sinn braucht, da es keinen Sinn hat. Deswegen brauche ich nicht traurig oder verzweifelt sein: Nein das gibt mir doch die Freiheit die ich habe und ich kann genießen, dass ich so denke. Einfach ist das alles und sogar so einfach, das es sich überhaupt nicht weiter lohnt, darüber nachzudenken. Also heißt das ja: Lassen wir das! Darüber lohnt es nicht weiter nachzudenken. Aber, kommt da etwa schon wieder eine neue Frage auf mich zu? Natürlich oder andere sagen auch logisch. Die Frage aller Fragen: Wofür und worüber lohnt es sich denn nachzudenken? Wenn es doch keine eindeutigen

Antworten auf die ganzen Fragen gibt. Das Fazit hier an dieser Stelle ist und bleibt erst mal stehen: Es lohnt sich überhaupt nicht über irgend etwas nachzudenken. Aber wir denken doch ständig und sagen häufig, dass wir nachdenken. Was ist da überhaupt los, wenn wir nachdenken? Ach ja wir denken ja, dass wir die Dinge sehr gut kennen über die wir nachdenken, wenn das wirklich stimmt, wäre das natürlich toll. Doch denke ich, dass wir das eben nicht so genau wissen und daher meinen wir zwar, dass wir über bestimmte Dinge nachdenken, doch tun wir das wirklich?

Manche tun das ganz bestimmt, die forschen ja und denken solange über die Dinge nach bis sie Antworten haben, die dem Forschungszweck dienen. Mich würde das deprimieren, denn ich müsste danach ja aufhören zu denken und das würde mir meine Seele bestimmt übel nehmen. Also klärt sich die Verfolgung dieser Gedanken, die mir ein frohes und prächtiges Leben bescheren sollten wiedereinmal von ganz alleine. Da bleibt doch schon wieder die Frage, was oder warum benötige ich ein sinnvolles Leben? Mir fehlen ein nächstes mal die Worte und es fällt doch mächtig schwer, mein eigenes Leben überhaupt zu beurteilen. Ich habe mit wahrscheinlich großer Sicherheit, viel erlebt und zudem auch viel ausprobiert. Wenigstens das wovon ich glaubte es sind Dinge die mich zufrieden machen oder die ich als sinnvoll erachtet habe. Ich kenne den Drang, mir ein Haus zu kaufen, eine Familie zu gründen, ein schickes Auto zu fahren, mir aufwendige Hobbys zu suchen. Doch was sind da die Ergebnisse, die ja so kompliziert zu beschreiben sind. Die Ergebnisse sind meines Erachtens, eine vollkommene Überforderung meiner psychischen Belange. Ich denke mir das folgendermaßen: Oben genannte Ziele sind in der Tat verwirklicht worden, doch der trügerische Rattenschwanz hing an diesen Zielen. Ich brauchte Kapital um diese Ziele zu erreichen. Nicht einmal mehr als ich mir erwirtschaften konnte, aber trotzdem war es eine ständige finanzielle Forderung, die mit und nach dem Erreichen der Ziele, parallel mitlief. Ich will mich darüber ja nicht mal beklagen, denn das war ganz schön happig. Erreichte Ziele fordern neue Ziele! Doch neben diesem Desaster habe ich die Biologie vergessen. Mir war nicht klar, das ich während der Verfolgung dieser Ziele immer älter werde und es immer schwerer fällt, mit den Konsequenzen aus Familie, Beruf, Hobbys und Luxus, auch finanziell klarzukommen. So wurde aus diesem Lebenskonzept schließlich ein Drama. Eine ständige Angst, das alles nicht zu schaffen, sagte mir unaufhörlich, dass ich daran zusammenbrechen werde. Das kam dann natürlich auch so. ‚Rückfälle, Depressionen, Selbstmordversuche, zudem ein oder mehrere Traumas holten sich ihren Tribut. Es war und ist grauenhaft. In diesen schrecklichen Jahren, in denen ich dem Geld hinterherlief um zu glänzen. Eine taube Nuss, versucht einen Kampf der im bodenlosen Dilemma des Lebens, planlos herumirrt. Nur was wusste ich schon," in jungen Jahren", hab ich wohl schon davon gehört, dass ein Mensch aufgrund von ständiger Überforderung krank werden kann. Doch in der Blüte des Lebens sage ich mal, kann ich mir gar nicht vorstellen, dass das auch auf mich zukommt.

So oder so trottete ich dann über Jahre in ein Verderben, das innerlich einem Kriegsschauplatz gleichkommt. Vielleicht oder sehr wahrscheinlich entstehen so auch Kriege, die dann nach außen abgewickelt werden und wo es dem Wort nach ja auch „Sieger und Verlierer „ geben muss. Das ist ja so schrecklich und den eigenen Gedanken nach sehr einfach. Durch den Krieg im inneren, kommt es natürlich auch zum Krieg. Ich denke das ist gar nicht soweit hergeholt und lässt sich bestimmt auch belegen. Das ist mir allerdings zu müßig, denn gelernt habe ich aus meinem eigenen Leben und da vertrete ich die Meinung, dass das auch gut so ist. Also verfahre ich hier auch so: Meine innere Stimme gibt mir das Recht so zu denken und nun folgere ich daraus. Eine eigene Idee zu diesem Spiel um Macht und Geld. Wenn ich als Kind mit einer intakten Seele geboren werde und diese auch durch mein gesamtes Leben führen kann, kommt es nicht zum Krieg! Denn dann benötige ich keine Gewinner und Verlierer. Doch Systeme die so aufgebaut sind, wie zum Beispiel Deutschland, kurz gesagt: „ Haste was biste was". Da bleibt es nicht aus, wenn der Kampf im Laufe der Zeit soweit ausartet, das wir uns Feinde schaffen um dessen Position einzunehmen. Da haben wir dann Krieg. Auch bei den marktwirtschaftlich üblichen Gepflogenheiten, dass der günstigste den Zuschlag bekommt, kommt es zum Krieg. Letztendlich kommt es auch dadurch zum Krieg, das wir unsere Gefühle nicht mehr genügend beachten und dem Zufolge in einen innerlichen Krieg geraten. Der Krieg im inneren gibt dann die verschiedensten Krankheiten her. So denke ich und bin der Meinung dass das so auch logisch und in der Folge sehr einfach und praktisch geregelt ist.

Lassen wir uns einfach dahin fallen, das wir uns damit begnügen, was wirklich notwendig ist, dann mögen wir am Anfang sehr seltsam und allein dastehen. Doch nach einer gewissen Durststrecke nach dem erfahren eigener Erkenntnisse geht uns kein Licht auf. Doch wir können sehen, dass die meistens materiellen Sachen völlig unnötig sind. Wir werden feststellen, dass das Leben mit den kleinsten Dingen und voller Zuversicht nach allen Seiten strahlt.

Das ist dann auch eine Genugtuung uns selbst gegenüber und die Last, dass wir in dieser Welt irgendetwas besonderes bedeuten müssen, nur um wer zu sein, fällt von uns. Es wird sehr einfach und lässt zudem zu, dass alles Leben von ganzem Herzen aus uns selbst herauskommt und wir tatsächlich auf die grundlegenden Bedürfnisse, die wir bereits als Babys hatten, vernünftig werden. Ich kann damit leben und lasse mich auf diesen anderen irrealen Wirbel nicht mehr ein. Dort finde ich das Notwendige und die Ruhe ein Leben zu führen, das völlig den biologischen Schritten entspricht. (Natürlich nicht immer) Es kommt Gelassenheit auf und die Gerechtigkeit des Wahren blüht in seiner ganzen Größe in mir auf. Vielleicht hört sich das für manche hochtrabend an, doch da ist zeitlos ein Weg auf der Strecke meines Lebens. Es lässt mich im Inneren Ruhe finden und ich kümmere mich schließlich nur noch um die Beruhigung meiner Grundbedürfnisse, die ich selbst aufstelle. Da bleibt zwar nicht viel übrig, doch mir scheint es immer angenehmer zu werden, damit zufrieden zu sein.

Also drücke ich das mal aus: Ich benötige genügend Schlaf. Ich benötige genug und relativ gesundes Essen und Trinken. Ich brauche weiterhin ein warmes zu Hause. Ich brauche andere Menschen um mich, möglichst eine Familie. Ich brauche Kinder die ich selbst gezeugt habe. Da hört das, was ich als Grundbedürfnisse aufschreiben kann schon auf. Es ist wenig und das reicht völlig, um mich auch nicht unnötigen Anforderungen zu stellen.

Ob das wirklich alles wahr und reell ist, kann ich natürlich nicht genau sagen, aber es hilft mir so zu denken und damit auch besser im hier und jetzt zu bleiben. Das hier und jetzt ist ja dieser Moment und dass braucht keine Philosophie wie es sein könnte, oder bestimmte Verhaltensweisen um daraus was zu machen. Andere Ideen dazu um mich in der Realität auch mal ohne bestimmte Gesetze zu bewegen. Gesetze und Vorschriften waren ja doch immer ein Leid von mir, nur zu gerne habe ich mich dem widersetzt. Was ist denn grundsätzlich ohne Gesetz richtig? Ist es denn wirklich wahr, das wir Menschen tatsächlich so sind, dass wir friedlich gegeneinander sein wollen? Was ist unsere Natur und dadurch bedingt? Eine unendliche Geschichte scheint es nicht zu sein, denn ob wir glauben oder nicht glauben, die Zeit die wir hier auf der Erde verbringen ist endlich. Wir haben nur eine gewisse Zeit und danach denke ich ist es vorbei. Es bleibt nichts mehr übrig von mir! Sicher hinterlasse ich meine Kinder, vielleicht noch ein paar Habseligkeiten. Doch das war es dann auch schon. Erde zu Erde und Asche zu Asche. Ich finde das hat etwas schönes, zumindest stelle ich dabei für mich fest, dass ich biologisch meine Zeit hier verbringe und ich merke doch schon an meinem Körper, wie dieser mehr und mehr abbaut. Ich habe Schmerzen in der Schulter, einen Herzinfarkt, eine Darmentzündung (ein Jahr mit künstlichem Darmausgang) hinter mir, da war es schön das es die Medizin gibt. Dinge die der Mensch, lebensverlängernd entwickelt hat. Doch die Frage ob das wirklich richtig und sinnvoll ist bleibt bestehen? Ich kann es mir nicht richtig vorstellen, dass diese Maßnahmen wirklich biologisch vernünftig sind: Denn mit jeder schweren Erkrankung entwickelt sich auch die Angst, Angst vor den Schmerzen und psychisch hinterlassen die Krankheiten ein Chaos. Das fühlt sich bestimmt nicht schön an, sondern es deprimiert mich. Es ist schon seltsam so zu sein und auch so sein zu wollen, doch ich nehme das als gegeben hin, obwohl es sehr schwer fällt.

Was bleibt da armseliges übrig? Oder ist es letztendlich das Warten auf den eigenen Tod? Da hängt es bestimmt mit zusammen, denn mit jeder Krankheit, manchmal auch schweren Krankheiten komme ich dem eigenen Tod ein Stück näher und das ist für mich so als nähere ich mich schrittweise dem Punkt, wo ich selbst den Tod als Erlösung sehen kann. Der Tod soll nun also eine Erlösung vom Leben sein? Das verblüfft mich nun doch etwas, denn ich konnte den Tod bisher nur als bedrohlich empfinden. Das obwohl ich schon mehrere schwere Selbstmordversuche hinter mir habe. Da passt dann wieder Sucht bedeutet : „Anstalt, Knast oder und Tod"! Wahrscheinlich ist der Tod nicht einmal bedrohlich, sondern eine Wohltat der Natur. Und wieder ist da nur der Mensch, der durch sein Denken versucht sein und andere Leben bis wer weiß wie lange zu verlängern. Was ist das hier nur für eine abstrakte und verrückte Welt? Nehme ich nun also für mich an, das der Tod eine Erlösung ist, heißt das doch auch, dass ich so sehr leide, dass ich mich nach dem Tod sehne. Das stimmt aber so nicht, denn ich denke da noch ein bisschen anders drüber. Ich lebe doch ganz gerne. Sicher hab ich schon von vielen Menschen gehört, dass sie am liebsten Tod wären. Aber die leiden ja auch nur noch in ihrem Leben. Bei mir ist das noch anders, denn ich kann mich gar nicht nach dem Tod sehnen. Zumindest weiß ich überhaupt nicht wie ich das überhaupt machen soll, da ich mir den

Tod ja noch nicht einmal richtig vorstellen kann. Na ja, ich denke mir dann ist alles vorbei und ich bin einfach nicht mehr da. Alles Leben in mir ist zu Ende und ich zerfalle zu Staub, das ist mir also doch soweit klar. An diesen ganzen anderen Spuk denke ich, kann ich überhaupt nicht glauben. Was es da alles gibt: Wiedergeburt, die Seele lebt weiter, vor dem Himmelstor oder alle denkbaren anderen Hirngespinnste die mir ein ewiges Leben garantieren, wenn ich mich nach bestimmten Gesetzen verhalte und meine Sünden bereue. Wer weiß denn schon, was wirklich echt und richtig ist? Ich denke mal keiner. Manche kriminelle Vereinigungen funktionieren doch reibungslos und sehr harmonisch, solange sich die Mitglieder im Rahmen der kriminellen Regeln verhalten. Ich finde dort nirgendwo einen wirklich richtigen Halt. Was ich damit beschreiben möchte ist, das was ich selbst dazu überall so denke. Ich finde ja auch dass die Welt hier in Deutschland ganz vernünftig geregelt ist. Aber ob vernünftig wirklich das ist, was ein Mensch, natürlich so macht, bleibt doch fraglich: Wozu Menschen alles fähig sind, sieht man ja immer wieder. Sie führen Kriege gegen andere Menschen, sie morden andere Menschen, sie sind gewalttätig in den eigenen Familien. Ob diese Brutalität des Menschen, nicht auch einfach nur die natürliche Verhaltensweise der menschlichen Rasse ist? Ich frage mich, ob es nicht sogar manchmal besser wäre wir würden brutaler miteinander umgehen, um auch das ausleben zu können, weil es doch auch tatsächlich so ist? Wie häufig werden denn „Freunde zu Feinden"? Jede zweite //dritte Ehe wird wieder geschieden. Die die sich sexuell aufeinander eingelassen haben, werden häufig nach der Scheidung zu unerbittlichen Feinden. Ich denke mir, der Mensch ist einfach so und auch so brutal. Vielleicht ist das ja nur seiner eigenen Natur gemäß? Mir fallen da immer Löwen ein: Ein neuer Rudelführer bringt die Kinder seines Vorgängers um!

Wo ich damit drauf hinaus will, kommt im folgenden. Vielleicht sind wir gar nicht so liebe Wesen, wie wir überall hören und ja auch am liebsten sein möchten? Wenn ich betrachte, wie sehr der Mensch sich auch darum bemüht, je mehr zerstört er seinen eigenen Lebensraum und somit sein eigenes Leben. Das ist doch völlig paradox und das lässt doch darauf schließen, das er durch die Entfremdung des natürlichen, immer weiter in die Isolation gerät und der Mensch sich auf andere Weise versucht auszuleben, was er dem Gesetz nach nicht machen kann. Ich habe auch Feinde und ich habe sogar Menschen auf einer Liste, die ich umbringen könnte. Das tue ich nicht, weil ich die Strafe fürchte.

Das ist mir fast zu hart. Ob es dann wirklich die zu erwartende Strafe ist kann ich auch nicht genau sagen. Aber mich hält da irgendwas ab, so was zu tun. Also lass ich das mal lieber! Mir scheint es zu gefährlich zu sein. Doch mir fallen die vielen Männer ein, die sich gegenseitig im Krieg zum Teil auch bestialisch umgebracht haben. Ein alter Mann hatte mir mal erzählt, das die verschiedenen Feinde sich im zweiten Weltkrieg, so brutal benommen haben, dass den Feinden die Hoden und der Pimmel abgeschnitten wurden. Oder sie haben ihre vermeintlichen Feinde verhungern lassen. Ärzte haben schrecklich Experimente an Menschen verübt. Frauen wurden zu hauf vergewaltigt. Ich denke diese Kette von brutalen Verhaltensweisen von Menschen reißt überhaupt nicht ab. Doch ist es heute anders? Wenn es anders ist, was ist anders? Verstehen kann ich nicht viel davon und ich komme in meinen Gedanken auch nur soweit, wie ich es mir selbst vorstellen kann.

Da habe ich selbst ja auch schon einiges erlebt, wo ich vor mir selbst Angst bekommen habe. Mit meiner zweiten Frau, das war schon höllisch und ich glaube auch, dass ich sie manchmal hätte umbringen können. Regelrechte Verfolgungsjagden haben wir hier in unserem zu Hause gehabt. Das war schon eine schlimme Zeit. Ich mag es kaum beschreiben, doch denke ich mir, die Schwelle zu so etwas brutalem zu kommen ist nicht groß. Warum das so ist? Ich erkläre mir das so, dass der Mensch doch in der Lage ist, einen anderen oft aus dem Affekt umzubringen. In unserer Gesellschaft ist das Thema ja auch oft ziemlich paradox, denn wir schicken ja auch Soldaten zum töten in andere Länder. Da ist das Töten denn ja auch erlaubt und scheinbar nicht so schlimm! Wir lassen ja zudem auch Millionen von Menschen in sogenannten armen Ländern verhungern. Wir hier schauen vielfach einfach nur zu. Beruhigend wirkt ja auf jeden Fall, dass ich da sowieso nichts dran ändern kann, denn Afrika ist weit weg und es betrifft mich ja nur wenn ich selbst Bilder von verhungernden Kindern sehe. Ob das so sein muss? Ich glaube kaum, denn hier werfen wir ja, täglich essen einfach in den Mülleimer. Das ist schon eine irre Welt und oft meine ich auch, dass ich das Ausmaß dieser verheerenden Geschichten gar nicht überblicken kann. Wir lassen von der Tabakindustrie Nikotin verkaufen obwohl damit jährlich Hunderfünfzigtausend Menschen umgebracht werden, ähnlich verhält es sich mit der Alkoholindustrie. (dazu noch rechtlich genehmigt)

Ist das nicht genauso schlimm wie der Holocaust? Nur diese Geschichte lässt sich nicht schreiben nur weil es noch nicht Geschichte ist? So lebe ich hier in meiner kleinen Welt. Das sind für mich sehr schwere Themen, denen ich häufig auch nichts entgegen oder hinzufügen kann. Mir scheint es auch viel zu Global zu sein, viel zu groß um dort wirklich was ändern zu können. Dazu fehlt es mir nicht nur an dem Interesse, sondern schließlich auch an der Kraft! Und zudem fehlt mir auch noch das nötige Geld um wirklich dagegen was zu tun. Außerdem denke ich dass es sehr kompliziert ist, also bleibe ich in meiner eigenen Welt. Hier kann ich zumindest bestimmen was ich tue und was ich nicht tue?

Auch in dieser Art, die manchmal auch ziemlich verzweifelt scheint, gibt es immer wieder Wege aus den verschiedenen Situationen ein klareres Bild von mir und meinem Leben zu bekommen. Oft habe ich auch schon gedacht, dass ich mich gerne zurückziehe in mein kleines Paradies! Dort bleibe ich frei und ich beginne mehr und mehr auf diesem Platz zu bleiben um mich von den vielen schrecklichen Nachrichten nicht einfangen zu lassen. Was das letztendlich bedeutet kann ich nicht sagen? Es bleibt dann so wie es ist und ich halte mich nicht fest, denn da lauert wieder die Gefahr, viel zu verbissen an bestimmten Meinungen zu klammern, die sich dann von alleine nicht auflösen. Ich versuche nun mich nicht daran zu halten, wie alles so sein könnte:" Meine Idee vom Leben bestärkt sich ja dadurch, dass ich hier bin und sehen kann, wie mein Leben, egal was ich tue auf das Lebensende zugeht"! In dieser Weise ist alles andere was ich vielleicht aus dem Leben machen könnte, ein Beiwerk was dann wiederum nur den Schein weckt, was anderes zu sein als ich bin! Ich schreibe mal, das kann ich nicht mehr gebrauchen um mich und mein Verhalten in vorbestimmte Bahnen zu lenken. Denn in der

Vergangenheit ist aus den Folgen bestimmter Verhaltensweisen nur das entstanden, dass diese Lehren dann sogar auch noch von anderen Menschen stammen. „ Da bleibt immer diese üble Nachgeschmack, dass die mit der Meinung ausrichten können, dass ich dem Folge und dadurch in eine Lebensart gelange, die letztendlich nicht von mir stammt"! Außerdem, freiwillig und von ganz allein ohne selbst einen Profit daraus zu ziehen, hilft da doch jemand nur solange, wie es den Eigennutz befriedigt. Die Motivation dazu hört doch sofort auf, wenn der Eigennutz nicht mehr da ist. Ich denke mir auch, wenn es mir tatsächlich so schlecht geht, dass ich vielleicht nicht einmal mehr Leben will, da Laufen alle weg! Und das geht dann auch soweit, dass mit mir selbst, niemand mehr was zu tun haben möchte. Mein Leben hat mir das schon des öfteren auf brutale Weise so gezeigt. In der Quintessenz stelle ich dann fest, dass ich dann auf mich ganz alleine zurückgeworfen werde. Was ja auch tatsächlich zeigt, dass das so ist! Nun bin ich da angekommen, mich als Individuum zu leben und dass es vielleicht ja auch vollkommen in Ordnung ist. Der Mensch als soziales Wesen, ist ja auch nur der Betrug, der durch die zivilisierten Gesellschaften entstanden ist. Ich bleibe nur solange ein Mitglied in der Sozialisierung, wie mich meine eigene Motivation darin hält. Breche ich da aus, stehe ich natürlich am Rande dieser Gesellschaft, „ Zuerst fühle ich mich natürlich auch wie einer der von der Gesellschaft ausgestoßen ist, aber letztendlich bin ich es ja auch selbst, der sich an den Rand stellt"! Also ich muss mir ja erst ein Gebilde bauen, um mir die Gesellschaft vorzustellen. Danach muss ich mich dann ja auch an den Rand stellen, das finde ich schon merkwürdig, denn auch hierin bleibe ich allein der, der das macht und entscheidet. Was dann wirklich die Gesellschaft ist, ist ja auch nur das, was ich mir selbst unter der Gesellschaft vorstelle. Also bleibe ich wiederum allein! Inzwischen bin ich ja auch da angekommen, dass mir die Gesellschaft gleichgültig ist, da ich ja festgestellt habe, dass ich mich doch immer wieder als Individuum erlebe! Außerdem folgt daraus ja zudem, dass ich mich ja selbst in Gesellschaften bewege, aber immer wieder auf mich selbst zurückgeworfen werde.

Es geht schließlich immer so weiter und weiter. Nun kann ich ja tatsächlich aus allem schließen, dass ich wirklich und ganzhaft alleine bin auf dieser Welt. Obwohl es so viele andere Menschen gibt. Es sind inzwischen über sieben Milliarden. Wie viele das sind kann ich mir allerdings überhaupt nicht vorstellen. Menschenansammlungen von Hunderttausend sind ja schon so viele, dass ich gar nicht alle überblicken kann. Da denke ich mir auch, dass es mit der Biologie und der Natur eines Menschen zu tun hat. Wie viel und wieweit unsere Vorstellungen reichen, und ab wann das begrenzt ist weiß ich natürlich nicht genau. Ganz einfach ist es allerdings auch hier. Unsere biologische Wirkungsweise lässt ja auch nur bestimmte Abschätzungen und Handlungen zu. Sicher können wir anhand unserer Gedanken viel mehr und viel weiter denken, dass meinen Menschen ja übrigens auch von sich. Doch ich denke mir das so, das wir lediglich in der Lage sind, unsere Ideen und Handlungen auf einen biologischen Rhythmus, zurückzuführen. Da wir darin selbstverständlich auch nur drin leben können. Das meine ich ist ein Naturgesetz und die Gewalt die davon ausgeht ist natürlich vorgegeben. Also heißt es ja auch zu Gutem Schluss, dass wir sobald wir zu sehr diesen Gang verlassen, krank werden müssen.

Alles hat eine Folge und Konsequenzen. Doch diese Folgen und Konsequenzen entstehen nur, wenn wir selbst versuchen anders zu sein als wir in Wirklichkeit sind. Übrigens ich finde das sehr entspannend. Denn durch diese Einsicht werden viele Dinge und Handlungsweisen verständlich und einfach. Die Folge daraus ergibt sich von ganz alleine: „Ich mache mir mein Leben so einfach es geht, ganz leicht und beschwinglich"!

Im Grunde genommen ist es natürlich bedingt auch sehr logisch, zum einen, weil ich vergangenes nicht ändern kann und zum anderen, weil ich in die Zukunft nicht blicken kann. Das erfordert schließlich auch nicht soviel, denn ich brauche nicht viel entscheiden. Da sich die Entscheidungen von selbst einstellen und ich brauche was ich empfinde nur anzunehmen und komme dadurch zu einer „Lebensart", die sich von selbst ergibt. Das ist ja selbstverständlich total toll. Viele halten mich ja für verrückt und da heben sie ja auch Recht. Denn dass ich selbst mein Leben anders denke als viele andere gibt mir das Gefühl: „ Ein Mensch zu sein"! Einer der immer wieder auf sich selbst zurückfällt. Allerdings hab ich natürlich Vorstellungen von anderen Menschen und ich denke grundsätzlich sind alle Menschen gleich. Da aber jeder gerne auch ein Individuum sein möchte sind die verschiedensten Verhaltensweisen, ausschließlich durchs Denken entstanden. Ich schätze, es ist ein Trugschluss, den jeder einzelne irgendwann in seinem Leben bitter bezahlen muss. Bezahlen nicht durch Geld, sondern durch die Erkenntnis, dass das Streben nach Macht und Geld und Arbeit ein Leben so sehr eingrenzt, dass die biologischen und natürlichen Bewegungen des Menschen auf der Strecke bleiben.

Natürlich hängt da auch immer ein finanzielles Desaster dran.

Da passt ein Bibelspruch sehr schön dazu: „ Der Mensch lebt nicht vom Brot allein"! Was bedeuten könnte ist ja dass es noch so etwas gibt, wie Empfindungen, Gefühle und diese scheinen demnach ja auch einen hohen wichtigen Stellenwert zu haben. Ich weiß es aus meiner Vergangenheit, wie sehr ich darunter gelitten habe, dass ich für die Erwerbsarbeit meine eigenen Gefühle abgestellt und kompensiert habe um als Arbeitskraft zu funktionieren. Ich habe damals da mitgespielt, weil ich es nicht besser wusste und auch weil ich es nicht anders gelernt habe. Im Prinzip oder wesentlich muss ich heute sagen, dass ich mein Leben in dieser Zeit verspielt hatte und wegen Geld und um mir eine Bedeutung zu geben. Dass ich nichts und wirklich nichts zu bedeuten habe, dass hatte ich überhaupt nicht verstehen können. Zum Glück ist es mir heute klar und dadurch hab nicht ich mich geändert, sondern mein Leben ist anders geworden. Ich denke ich habe heute ein freies Leben, frei im Denken und auch im Handeln.

Doch dann ist auch es natürlich immer wieder so wie es ist: „ Die Vergangenheit hat tiefe und häufig auch sehr traurige Spuren hinterlassen"! Erinnerungen sind nun meistens sehr Bruchstückhaft. Es sind nur Teile geblieben die meistens kein schlüssiges Bild von irgendwas hinterlassen, nur diese Gedanken an Bruchstücke meines Lebens. Bruchstückhaft hinterlässt Bruchstücke und nichts ganzes! Nicht fassbar und doch sehr klar. Einige lösen eine tiefe Traurigkeit aus und lassen mich im „ Hier und Jetzt" wanken. Da geht scheinbar nichts mehr und ich falle in ein tiefes Loch, was ja auch eine Selbstverständlichkeit ist, denn den Gedanken im damals kann ich nur Bruchstückhaft folgen.

Es ergeben sich Bilder aus einer anderen Zeit. Aus Zeiten in denen ich noch jung war, unerschrocken und voller Tatendrang. Es hat sich auch da was geändert, nichts vollkommenes, eben nichts was eine klare Richtung weist, nur Gedanken und Gefühle von einer Zeit, die mich damals da so hin getragen hat, wie ich es damals für richtig hielt. Es gibt keine Auflösung der Vergangenheit, nur Gedanken und Gefühle die daraus stammen, dass sie mir kein schlussendliches Bild schenken.

Nichts wird oder ist absolut, nur die Vorstellung und die Sehnsucht nach Vollkommenheit bleibt da. Obwohl es andersherum auch ja ganz einfach vollkommen ist. Vollkommen in seiner „Schönheit und auch in der Hässlichkeit", die das Leben so mit sich bringt. Ein Stückchen bleibt da auch eine wahnsinnige Gewissheit, das schließlich nur das eigene Denken ist. Es bedauert mich stark in der Schuld der eigenen Vergesslichkeit zu stehen, obwohl ich nicht fordere alles zu wissen. Denn auch Wissen hat die Macht mich in ein Entsetzen zu versetzen, das mir klar wird, welches Grauen unser Leben auf dieser Welt für uns bereit hält. Das sind Sätze die ich selbst nur unzulänglich aufbereiten kann, denn ich komme an Grenzen die ich selbst in mir erzeuge. Grenzen des Unerreichbaren. Wahrscheinlich ist da nur real, dass es nicht real ist, aber da wir Menschen alles auf dieser Erde in Projekte stecken, die uns Perfekt scheinen lassen. Das ist ein großer Betrug an uns und unserer Welt. Das Perfekte Denken! Treiben mich in den Wahnsinn, in den Wahnsinn um nicht mehr am tatsächlichen Geschehen teilzunehmen. Die Zeit bleibt endlich wieder stehen und die Gedankenfolgen sortiere ich in die Gegenwart zurück und entdecke plötzlich und unerwartet die „Vollkommenheit im Unvollkommenen." Was für eine Wonne, denn das Gefühl des Entsetzlichen aus der Vollkommenheit, ändert sich in zufriedene Gelassenheit, in der Unvollkommenheit. Die Worte strömen dabei ans Licht und ich sehe mich wieder in dieser Welt.

Also nun bleibt mir doch nur das „Hier und das Jetzt" als Lebensraum übrig. Das ist ja auch ganz schön so und ich denke mir, das muss mir ja auch irgendwie gelingen. Sicher habe ich da so meine Zweifel. Häufig komme ich gar nicht dazu im Hier und Jetzt zu sein, auch wenn ich mir Mühe gebe nicht. Ich lande dann doch wieder in der schon beschriebenen Vergangenheit. Die Gefühle dazu stellen dann oft eine einsame Leere dar. Diese Leere ist auch ja nicht aufzufüllen da ich nicht mehr genau weiß wie ich mich damals gefühlt habe. Erschrocken bin ich davon nicht mehr, aber bedenklich finde ich das schon. In meiner Alkohol – und Drogenzeit, habe ich oft Filmrisse und die Erinnerungen daran, sind schon merkwürdig, da ich manches davon nur aus Erzählungen mitbekomme. Das war damals eine harte Zeit, doch so insgeheim war es auch eine schöne Zeit. Das sollte ich wohl auch selbst entscheiden, da ich feststellen muss, dass ich da ziemlich widersprüchlich bin. Nur was soll ich mit solchen Widersprüchen anstellen? Mich dafür entscheiden dass es eine schlechte Zeit war? Mich entscheiden dass es eine gute Zeit war? Wiederum denke ich, ich sollte einen Mittelweg finden und nenne dann diese Zeit gut und schlecht? Damit hatte ich schon mein ganzes Leben Probleme. Wirklich war alles gut oder schlecht. Was für ein Drama in mir, erklärt natürlich mein exzessives Leben. Auch das ganze Extreme was ich so erlebt habe passt da natürlich gut rein. Ich denke mir, das kommt von meiner bipolaren Erkrankung. Es ist so als wären das alles Fallen, die ich mir in und mit mir immer wieder stelle. Ich gerate hier beim Schreiben von einer Falle in die andere. Also erkläre ich hier erst mal den Widerspruch von eben. Schlechte Zeit und gute Zeit und der Mittelweg. Aber was ist denn eigentlich der Mittelweg von schlechte Zeit und gute Zeit? Ist geht so ein Mittelweg? Oder ich halte es ganz gut aus? Es entrüstet mich fast, aber ehrlich gesagt finde ich gar keinen Mittelweg zwischen diesen Wörtern. Vielleicht ist ja eine schöne stimmige Antwort: Ist in Ordnung! Ich finde das passt, meine Zeit ist in Ordnung.

Nun bleibt es aber noch aufzuklären was eine gute Zeit ist und was eine schlechte Zeit ist.

Mir fehlen fast die Worte, denn ich scheine an so einfachen Dingen zu scheitern.

Sehr beeindruckt bin ich davon nicht, auch folgenreich finde ich das nicht, zu denken gibt es mir. Diese Wörter, sind wohl nicht so einfach zu handhaben, allerdings höre ich sie doch so häufig von anderen. Muss ich mir denn nun eingestehen, dass ich die anderen gar nicht verstanden habe, oder kann ich davon ausgehen, dass die anderen gar nicht wissen, was sie da sagen? In meiner Art zu leben nehme ich selbstverständlich das Erste. Ich gehe davon aus, dass ich die anderen nicht verstanden habe. Nun was macht das dann aber mit mir? Ich kommuniziere doch tagtäglich mit anderen Menschen. Bleibt da dann nur übrig, dass ich mit der Sprache nur wenig anfangen kann, weil die Sprache verbal zwar ausdrücken soll, was gemeint ist? Das nonverbale dann aber die Ausdrücke erst tatsächlich bestimmt. Das ist schwer und bewegt mich ja zudem was ich ausdrücken möchte, aber vielleicht mit der Sprache gar nicht ausdrücken kann. Es scheint demnach sehr einfach zu sein und sich selbst aufgrund der Ausdrücke unserer Sprache nicht so wichtig zu nehmen. Das gesprochene Wort gibt zwar Richtungen an, lässt demnach aber nur die logischen und technischen Dinge erklären. Auf keinen Fall scheint es so zu sein, dass wir Menschen damit unsere Instinkte und Gefühle treffend ausdrücken können. So bleibt es dann ja bei ganz alten ausdrücken wie zum Beispiel: „Glücklich sind die, die da geistig arm sind"! Das trifft es wieder einmal gut in diesem Zusammenhang. Doch löst es nicht die eigenen Befangenheiten, denn die sind förmlich abhängig davon, was ich zu den Themen denke und drücken sich ja dann gezielt so aus, dass die Sprache die Inhalte so wieder gibt, wie das Empfinden dazu ist. Allerdings wird so auch sehr deutlich , welche Hemmnisse durch verschiedene Ängste durch Erfahrungen hinter der Sprache stecken. Es ist schon ein ziemlich verworrenes und auch widersprüchliches geschehen. Ich glaube dass in dieser Art mich selbst auszudrücken, die eben schon beschriebenen Mechanismen deutlich werden. Das macht natürlich Spaß und klärt mir einiges im eigenen Verhalten auf.

Eigentümlich und ziemlich deutlich konnte ich das bei mir selbst in einer Therapiestunde erleben. Ich komme da zu meinen eigenen Ängsten und ich meine, dass diese sich mehr und mehr lösen werden, da ich davon überzeugt bin, dass die eigenen oft miserablen Verstimmungen (die bei mir ja häufig so tief gehen, dass ich dieses Leben hasse und darin am liebsten auch das Leben aufgeben möchte) auf jeden Fall ihre Berechtigung haben und dazu natürlich auch Ursachen bestehen. In meiner eigenen Geschichte kann ich das sehr schön verfolgen und in meiner Kindheit, die Ursachen für mein

Handeln finden. Das geschieht dann auch mit Gewissheit über den eigenen Geist. Dazu gehört dann auf jeden Fall die Aufklärung der Ängste, die ich vorher zulassen muss. Die Folgen fühlen sich da dann auch brutal an, denn einige Erlebnisse aus der Kindheit, waren ja auch brutal und so habe ich sie auch verinnerlicht und von mir und meinem Leben abgespalten. Mir ist das deutlich geworden an dem folgenden Beispiel: Ich wurde in der frühen Kindheit häufig verprügelt und das auch obwohl ich als Kind nicht besser gelernt hatte, mir die Zuwendung meiner Eltern zu holen. Natürlich habe ich Sachen gemacht, die bestraft wurden. Oft aber aus dem Grund, dass ich mich einsam fühlte und mir nur so die notwendige Zuwendung holen konnte. Das geschah dann automatisch. Etwas machen, das bestraft wurde, dadurch Zuwendung und Nähe der Eltern. Ein trügerischer Vorgang, aber auch logisch. Dem vorweg traumatisiert, zum Beispiel durch Brutalität meines Vaters gegen meine Mutter.

In gewisser Sichtweise hab ich von beiden übernommen, dass sich in meinem Elternhaus, die Zuwendung und die menschliche Nähe nur durch Handlungen bekommen lässt, die durch Brutalität hervorgerufen ist.

Während des Schreibens über dieses Thema, komme ich zu weiterführenden Gedanken, die mir darüber ein klareres Bild geben. Ich bleibe also dabei, dies hier weiter auseinanderzusetzen. Damit kann ich mich nun aber nur beschäftigen, wenn ich selbst dazu bereit bin, Gefühle dazu aufkommen zu lassen. Die erforderlichen Gefühle sind Hilflosigkeit und Angst. Die Hilflosigkeit allein reicht nicht aus, um mich völlig zu blockieren, denn die Hilflosigkeit zeigt mir ja erst mal, das ich bestimmte Situationen nicht verändern kann, da mir die Auswege fehlten, dazu kommt nun die Angst, die Angst davor, dass ich selbst nicht mehr in der Lage bin aus den brutalen Attacken meiner Eltern zu entkommen. Ich sehe schon den Rückzug in die starre Haltung, das bedeutet, dass ich mich innerlich extrem zusammenziehe und mich allein nicht mehr bewegen kann. Ich denke das ist der Grund eines Traumas.

Da frage ich mich doch sofort, wie ich das lösen kann, denn in so einem Käfig brauche ich heute nicht mehr sitzen. Wenn ich nun die Angst in mir aufsteigen lasse, begegnen mir ja die abscheulichen Situationen von damals. Lasse ich sie weiter zu, kommen auch Bilder aus der Kindheit in meinem Gehirn zum Vorschein. Natürlich keine schönen Bilder. Da ist dann immer dieser tobende Vater und die weinende Mutter und ein paar ihrer sechs Kinder, die ängstlich und hilflos den Eltern in ihrem Kampf zuschauen. Doch welche Lösungen gibt es denn jetzt? Es ist ja beinahe fünfzig Jahre her. Die Eltern sind lange Tod. Doch ich lebe ja noch.

Gehe ich also zurück in die Situationen, nun kommen auch andere Bilder zum Vorschein. Es ist laut und mein Vater schreit besoffen herum, meine Mutter weint und wird von meinem Vater zudem noch vergewaltigt, meine Mutter versucht zu fliehen, in dem Getümmel der beiden, versucht meine Mutter zu fliehen, mein Vater schmeißt sie gegen den Türrahmen, meine Mutter blutet am Kopf, das Blut läuft an dem Türrahmen herunter

Eine meiner Schwestern und ich stehen schockiert im Schlafzimmer meiner Eltern.

Ich weine um Mama und um Papa, aber vor lauter Angst falle ich in eine Starre Haltung, diese Haltung war ja die einzige Möglichkeit, die ich damals hatte, ich kann es heute noch spüren. Es überlädt mich so sehr und ich kann nichts tun. Nichtmal hinnehmen kann ich diese Situation, wie auch in Verzweiflung und Angst? Ich weiß es bis heute nicht. Schmerz den spüre ich, doch wohin damit, umkehren in Nähe und Zärtlichkeit? Loslassen, aber wohin soll dieses loslassen dann führen, es bleibt ja ungeklärt und ich kann mir ja nicht denken, was damals überhaupt mit mir passiert ist. Loslassen und mich unkontrolliert wieder dahin begeben, in dieses Haltlose. Ins Nirvana der Gefühle, in die Angst oder hinter die Angst oder in die Hilflosigkeit und die Verzweiflung, die Schockstarre. Ich kann es kaum glauben, doch bin ich ziemlich frustriert und durcheinander in diesen Gedanken verfangen. Ich habe den Mut verloren, jemals aus diesem Dilemma herauszukommen, mein Leben ist dieses Leben in der Angst und mit der Angst. Ganz langsam krieche ich unter der schwierigen Last hervor. Doch ich begreife nicht mal ansatzweise, was das war und was das immer wieder ist. Meine Traumata sind nicht leise, sie schreien mich an und wecken mich wieder in die Erinnerung daran zu gehen.

Das geht dann folgendermaßen ab: Ich bin innerlich unruhig und verzweifelt, ich habe Angst und bin nicht fähig mich zu bewegen, die Starre setzt ein. Und es wird noch viel gefährlicher, wenn ich mich in die Situation von damals begebe, ich bekomme immer mehr Angst die dann auch Suizidgedanken auslöst, denen kann und möchte ich nicht mehr folgen. Die kenne ich schon über dreißig Jahre, aber weggehen tun die auch nicht. Ich brauche nun Ruhe und auch Isolation. Isolation von anderen Menschen. Meine Ruhe und nochmal meine Ruhe. Ich glaube nichts von anderen, das tu ich zwar so auch nur selten, aber es klappt manchmal schon . Diese irritierenden Ängste sind grausam, aber sie treten immer wieder auf. Ich bin depressiv, owei owei, das ist lächerlich gegen diesen traumatisierten Zustand, fast ist die Depression noch erholsam, das ist nicht so lähmend und auch nicht so schrecklich schwer zu ertragen. Mir ist das lieber depressiv zu sein, als mich in eine dieser euphorischen Zustände zu begeben. Da würde ich dann haltlos und grenzenlos, würde nicht mehr mitbekommen wo ich stehe oder bin.

Nun wieder zurück in das Trauma, es zerrt an mir und ich verliere mich darin, das merke ich, denn ich spüre meinen Körper nicht und auch nicht was ich fühle. Doch was stelle ich da nur für mich fest? Es kommt immer wieder und es bleibt und das muss ja auch so sein. Denn das habe ich ja erlebt und warum soll das was ich selbst erlebt habe nicht wieder hervorgeholt werden können?

Ehrlich gesagt finde ich das auch völlig okay, denn nur so habe ich überhaupt eine Chance irgendwas zu verstehen und ich schreibe mal wieder, das es dadurch leicht wird.

Gelesen habe ich bereits viel darüber, ein Trauma aufzulösen oder das Trauma bewusst wieder zu erleben. Aber ich stelle mir doch Fragen dazu, wenn das Trauma erlebtes Ereignis ist, denke ich nicht dass sich erlebtes in Unerlebtes auflösen lässt. Ich denke mir dass das ein Selbstbetrug werden würde. Ich will mich ja gar nicht an den Traumata festhalten, aber ich stelle mir das anders vor. Die Veränderung die mit Sicherheit stattfindet ist schließlich nur die, das mir durch die auftauchenden Bilder, Gefühle dazu bewusst werden können. Die Gefühle der Ohnmacht und der Hilflosigkeit sind ja gegenwärtig und es gibt nicht den Schluss dass ich diese wegnehmen kann um danach ohne diese Gefühle zu leben. Ich finde das ist ziemlich abstrakt so denken zu lernen.

Nun aber genug mit den Traumen. Eine weitere Folge aus der Geschichte die ich erlebt habe ist meine Bipolarität. Auch oder im alten Sprachgebrauch: manisch – depressiv. Nach den WHO Regeln ist das ebenfalls eine Krankheit. Diese hat schon heftige Auswirkungen auf das Gefühlsleben und es hinterlässt in der gedanklichen Aufarbeitung ein Chaos. Ich gehe mal davon aus, das ich meine Bipolarität ändern sollte um eine harmonischere Gefühlswelt zu erhalten. Das ergibt aus den neueren Ideen der Psychologie: Gedanken bestimmen unser Fühlen! Nun aber bin ich Bipolar und muss voraussetzen, dass ich so denke wie mir meine bipolare Erkrankung das vorschreibt.

Ich kann ja nun denken was ich will, oder ist das auch schon zu extrem? Also denke ich mir Möglichkeiten aus, die ich meiner Bipolarität entgegensetzen kann. Durch Disziplin und oder Verhaltensänderung kann ich die Krankheitssymptome lindern. Ich gerate dadurch in eine gewisse Balance. Balance ist ja ein Gleichgewicht. Nur was ist denn in diesem Gleichgewicht? Es gibt nicht mehr diese ständigen auf und ab der Gefühle. Ob das so stimmt kann ich demnach auch selbst entscheiden. Es verwirrt mich nun doch immer mehr.

Ich versuche so in der Balance zu bleiben erlebe aber dadurch auch so eine Art von Gefühllosigkeit. Das hatte ich schon denke ich mir und ich sage das war gar nicht so schön. Die Dinge die das Leben gerade angenehm machen und die Hochgefühle und auch die tiefen depressiven Gefühle bleiben aus. Aber da stell ich dann auch schnell wieder fest, dass das auch nicht so wirklich das ist was ich möchte. Aber was nun? Wenn ich doch auch regelmäßig das Hochgefühl des Lebens und auch die Tiefen des Leben erlebe. Auch das scheint mir alles ziemlich paradox zu sein.

Ich frage mich nun doch wieder ob das nicht alles ziemlich wagemutig ist, was ich da so mit mir anstelle? Oh Mensch ist das verwirrend, denn da weiß ich weder was ich fühle und auch nicht was ich fühlen sollte. Das zermürbt doch und ich komme nun schnell dahin, dass ich nicht richtig Bescheid weiß.

Nun könnte ich also weitere Bücher lesen um mir eine klare und wirklich wahre Antwort zu geben. Aber wie? Ich könnte ja auch mit anderen darüber reden. Nur wo finde ich jemand der da mit mir reden könnte?

Psychologen, na das kenne ich ja schon gut. Denen erzähle ich dann von meinem Leid, das ich das mit der Bipolarität nicht so richtig verstanden habe. Dann geht es los und die Psychologen erklären mir wie das alles so ist mit der Bipolarität. Das höre ich mir an und gehe nach Hause und denke mir meinen eigenen Teil dazu. Allerdings komme ich ja auch schnell dahin, dass ich das was der Psychologe mir erzählt hat, nicht richtig nachvollziehen kann und dazu kommen dann die Zweifel. Also so wirklich glauben kann ich dem auch nicht. Also sitze ich erst mal da und grübele rum. Was ist denn nun mit mir frage ich mich?

Nun Grübeln soll man ja auch nicht soviel, denn es führt zur Depression. Meine Zweifel habe ich auch schnell bestätigt und ich denke mir selbst was aus. Nehme ich also mein Verhalten in der Zeit in der ich schwer suizidal war, kann ich selbst daraus schließen, das ich in der Zeit psychotisch war. Das begründe ich für mich damit, das ich nur noch dahin gedacht habe und auch häufig versucht habe durch Suizid (Selbstmord) zu sterben. Na,ja vielleicht ist es auch so, dass ich das wiederum nicht wirklich richtig weiß. Das sind ja Auseinandersetzungen die mir im Grunde genommen nicht wirklich weiterhelfen. Vielleicht bin ich ja zu krank oder zu gesund dazu?

Dann kommt es zu meiner eigenen Lebensphilosophie! Das hat mir wirklich nicht alles besonders weitergeholfen, denn ich bin immer wieder an meine eigenen Grenzen gestoßen und habe festgestellt, dass mein Leben eine eigene

Lebensphilosophie bedarf. Und nun beginne ich natürlich wieder mit dem was ich mir schon immer unter dem Leben selbst vorgestellt habe. Diese Ideen lassen sich nicht in diese Realität umsetzen, denn da fehlt es bei weitem an den Grundlagen in unserem System, aber soweit ich denken kann reicht es um meinen Vorstellungen zu folgen.

Es begann schon vor ungefähr 45 Jahren und ich hatte einen eigenen Traum vom Leben. Ich dachte mir schon als kleines Kind, dass das was mir so alles über diese Welt erzählt wird irgendwie nicht meine Welt ist, obwohl sie in der Gleichen Welt stattfindet in der ich auch lebe. So begann es, dass ich schon nicht in die Schule wollte, ich wollte da nicht hin, weil ich dort die vielen schönen Stunden des Tages still auf meinem Platz sitzen musste. Wenn ich dort nicht gehorsam war, kam es zu Sanktionen. Ich musste dann in der Ecke stehen, oder es gab Schläge mit dem Zeigestock oder ich musste irgendwelche Gehorsamssätze hundertmal abschreiben. Schläge mit einem Wäscheklopfer oder Ohrfeigen. Ich fragte mich natürlich in dieser Zeit schon häufig, was ich denn überhaupt getan hätte um so behandelt zu werden. In dieser Zeit in meiner Kindheit habe ich dann auch begonnen mit dem Gehorsam zu brechen, denn die Reaktionen auf mein Verhalten entsprachen nicht dem was ich mir selbst unter einem Leben vorstellte. Mein Verhalten wurde getadelt. Wenn ich nicht zur Schule gehen wollte wurde ich dort mit Gewalt hingeschickt. Und so ging es weiter und weiter. Meine Hilfegesuche die ich in dieser Zeit nur aus Trotz zu verstehen suchte, wurden nicht gehört oder einfach missachtet. Warum sollte ich nun auch mein Verhalten verändern? Ich lernte ja für mich andere Strategien um mit den Vorschriften und Regelungen leben zu können. Ich streubte mich mehr und mehr. Die Sanktionen wurden schlimmer für mich: Zuerst nur Drohungen, dann nicht versetzt werden, dann nochmal nicht versetzt werden, dann kam der Schulverweis! Immer gegen mich und dafür das ich mich in das System füge. Ob ich wollte oder nicht, das war völlig gleichgültig. Ich sollte nun aber trotzdem sagen und können was ich machen will. Komisch oder? Wo man mir doch auf der anderen Seite beigebracht hat, dass wenn ich mich so verhalte wie ich mich verhalten möchte/ will, die Bestrafung nicht lange auf sich warten ließ. Das war und ist immer noch seltsam. Nun aber ging alles so weiter und ich verstand schon lange nicht mehr, dass ich einzig für mich auf dieser Welt bin. Wie auch wenn ich nur durch Sanktionen lerne, was ich will! Sanktionen als Bestrafung für mein Verhalten. Eigentlich ist das unfassbar. Mich macht das betroffen und darüber bin ich auch ziemlich hilflos. Nun begann ich eine Ausbildung, nicht weil ich das wollte, nein diese Ausbildung sollte ich machen. Denn inzwischen wusste ich nicht einmal mehr, was ich selbst eigentlich wirklich wollte. Ich feierte am liebsten und trank am liebsten Alkohol. Meistens viel zu viel, denn die eigenen Grenzen habe ich ja auch nicht kennengelernt.

So wurden doch meine oft absurden Verhaltensweisen eine logische Folge daraus. Ich lebte immer in den Extremen: Zwischen dem Gefühl der Angst und der Euphorie kannte ich keine Gefühle. Die Gefühle waren schon lange Jahre abgespalten . Ich lebte und lebte doch nicht richtig, eine Katastrophe war das allemal. Aber ich sage mir heute, besser gewusst habe ich das auch nicht und gelernt hatte ich ich nichts anderes als ich getan habe. Vielleicht ergibt sich ja auch mal der Gedanke, dass das was ich selbst erlebt habe, für mich völlig richtig war. Das ich merke gar nicht anders hätte leben können. Das beruhigt irgendwie, doch kommt da auch schnell so etwas wie wehmut hoch. Mit Wehmut kann ich leben, ist zwar nicht so schön aber es ist besser als die Angst und die Traurigkeit das ich mein Leben lange Zeit verlebt habe. Also nichts davon hatte. Oder hab ich durch mein extremes Leben vielmehr vom Leben gehabt als manch anderer? Da ist offenbar mal wieder alles möglich und denkbar. Mehr als andere erleben ist ja Unsinn, denn mit gleich langer Lebenszeit, hat jeder gleich viel erlebt.

Eventuell war das meine ja aufregender und auch

spannender, weil ja nicht alles so toll und glatt gelaufen ist. Ich meine das ist kein Vorteil gegenüber jemandem, der geboren wurde, sein Leben ohne große Schwierigkeiten lebt. Aber wahrscheinlich gibt es das auch garnicht so. Leben ist Leben und das ist ja nunmal jeden Tag aufs neue ein Abenteuer.

Meine Geschichte hat nie aufgehört und mir immer wieder neue und extremere Zeiten beschehrt.

Ein Resümee gibt es heute noch nicht zu erzählen, da es noch nicht zu Ende ist.

Aber für mich ist in den letzten zwei Jahren bedeutendes Geschehen. Ich habe durch einen Freund eine Selbsthilfegruppe gefunden.

Ich werde davon im Verlauf des Buches noch erzählen. Vor allem was da mit mir passiert und wie sich diese Selbsthilfegruppe auf mein Leben.

Leben eines süchtigen auswirkt.

Der Entschluss zur 12. Therapie hatte sich von selbst ergeben, denn ich war sehr allein und glaubte da noch, dass sich durch die Therapie daran etwas ändert, doch da habe ich mich wohl getäuscht. Wenn ich allein bin, bin ich allein weil ich allein bin. Ich kann in der Therapie vielleicht sehen was mein eigener Anteil daran ist, aber wenn ich am Alleinsein nicht die Idee des Alleinseins verändere bleibe ich allein.

Zustande gekommen ist die Therapie mehr oder weniger durch die Krankenkasse. Mir war noch nicht bewusst, das die Krankenkasse nur nach den eigenen Regel und Gesetzeswerken handelt. Ich glaubte noch daran, dass ich dort etwas durchsetzen kann.

Ich hatte mir einen Psychologen gesucht, der die Zulassung der Krankenkasse noch nicht hatte und es sollte eine systemische Therapie werden. Den Antrag hab ich bei der Krankenkasse gestellt. Die Antwort darauf war, ein ablehnender Bescheid. Doch erhielt ich mit gleicher Post, auch den Vorschlag der Krankenkasse, dass ich mich an eine hiesige Psychologische Psychotherapeutin wenden könnte, die noch Kapazitäten frei hat. Mit der Therapeutin habe ich schon telefoniert und sie hatte mir erklärt, dass sie sehr lange Wartezeiten hat. Außerdem würde sie nur die schweren Fälle bearbeiten. Was das auch immer heißt? Mir ging es doch schlecht und ich war der Meinung selbst auch ein schwerer Fall zu sein.

Kurzum die Krankenkasse telefonierte mit der Therapeutin und mir wurde so auch wohl ein Platz frei gemacht.

Ich konnte kurz darauf mit der Therapie beginnen. Darüber war ich natürlich froh, denn mein Gefühlsleben war durch die Selbstmordversuche, dem Heroinkonsum und der völlig notwendigen Trennung von meiner zweiten Frau völlig aus der Bahn geraten. Mir ging es schlecht, nirgendwo konnte ich noch einen Halt finden und es ging auf und ab mit mir. Von einer Depression in die andere und in meinem Kopf spielte sich ein einziges Chaos ab.

Eine Verhaltenstherapie!

Nach der ersten Sitzung war schon klar, dass wir zusammen arbeiten können. Das war auch gut so.

Den typischen Fragebogen mit der gesamten Familiengeschichte und der eigenen Geschichte nahm mich kaum in Anspruch, denn das Prozedere machte ich zum sechsten oder siebten mal. Immer das gleiche Spiel.

Inzwischen habe ich an siebenundfünfzig Sitzungen von je fünfzig Minuten teilgenommen, das sind siebenundvierzigeinhalb Stunden, wo wir die Themen, die mich bewegen und bewegten durchgesprochen haben. Nach dem vorherigen Leben war das eine ganze Menge.

Mein größtes Problem waren meine Ängste. Das hätte ich nie geglaubt, denn früher lebte ich immer so, dass ich in gut und schlecht beurteilt habe und Ängste sind ja keine guten Gefühle und Gedanken, sondern eher schlechte. So funktionierte mein System, dass ich von frühester Kindheit gelernt hatte. Ich lernte dadurch, dass ich schlechte Gefühle wie Angst, Traurigkeit, einfach ignorierte und dadurch dann auch zu Drogen und Alkohol gekommen bin. Das war schon ein bedrückendes Spiel in mir selbst. Ich lernte mich nicht mehr zu fühlen, sondern nur noch zu denken. Daraus entwickelte sich in meinem Verhalten mir selbst gegenüber, eine grauenhafte Ambivalenz. Die sich auch in meinem Krankheitsbild aufzeigte. Bipolarität wurde daraus und ich bin im Verhalten zwischen meinen eigenen Gefühlen nicht mehr in der Lage wahre Gefühle von dem zu unterscheiden was ich daraus gemacht habe. So verlernte ich in meinem mir entsprechendem Verhalten nur zwischen gut und böse zu unterscheiden und es kam nicht mehr dazu abzuwägen, und die Entschlüsse in mir vernünftig zu erfassen.

Ganz gut oder ganz schlecht war mein Leben und nicht ruhig und gelassen, sondern es entwickelte sich daraus lediglich nur innerer Stress, denn ich war damit beschäftigt, dass alles gelingen muss und nichts schiefgehen darf. Was sich natürlich als völliger Quatsch erwies, denn die Gefühle, die ich nicht wollte, waren ja da und zeigten mich mir ja auch ständig. Doch ich lief so durch das Leben, dass es sie nicht gibt! Das ist schwer zu erklären und doch sehr einfach, da ich es erst erklären konnte, als ich selbst wusste und auch mit vielen meiner eigenen Erlebnisse reflektiert habe. Dazu hat die 12. Therapie, Beitrag geleistet und mir hat es geholfen. Zwar ist auch hier nichts völlig von allein passiert, doch lässt sich für mich selbst heute sehen, wie sehr ich doch daran arbeite, dem Vergangenen die Stirn zu bieten, um nicht irgendwann auch noch daran zu verbittern. Da begreife ich, heute froh zu sein, aus dem Dilemma der ständigen Selbstüberschätzung und der extremen Art damit zu leben herausgefunden zu haben.

Ich denke heute dass es ein langer Weg ist. Erst nach der Erkenntnis, das für mein bipolares Verhalten meine eigenen traumatischen Erfahrungen die Ursache sind, ist mir klar geworden, dass es für jemanden wie mich, auch noch die Möglichkeit gibt, das Leben so zu sehen, wie es ist und nicht durch die rosarote Brille, des Wahnsinns! Ich fühle mich wohl nach dieser Therapie und das lenkt mich dahin, das wir therapeutisch sauber gearbeitet haben.

Ich habe nichts an mir selbst, was perfekt ist und das ist schön so, denn die Dinge, die ich erledige und an denen ich wachse, kommen auch von mir selbst. Ich weiß nicht recht, ob das stolz macht, aber es gibt mir Ruhe, dass ich mit dem was ich kann und bin auch ganz schön lebe. Da braucht es längst nicht mehr viel, was da bei mir selbst zu erledigen ist.

Denn es sind so viele Menschen, die hier in dieser wundervollen Welt an der eigenen Person scheitern, weil sie nur im Perfekten, leben können! Ich habe im Jahr 2011 damit begonnen mein Haus zu verklinkern, ich habe mich beobachtet und kann für mich selbst feststellen, dass meine Arbeit daran gelungen ist, so wie ich mich fühle. Ich bin kein gelernter Maurer und das kann man natürlich auch sehen, denn die Mauern haben nicht dieses Perfekte eines Maurers. Da macht es mir Freude, das zu sehen und zu erkennen, dass viele Menschen nur von anderen mit anderen Berufen gemacht haben, um nach außen hin den Schein zu hinterlassen, dass nur der gelernte etwas machen kann und der Leihe diese berufliche Perfektion nicht hinbekommt. Ich denke da auch dran, dass es ja nicht sein kann, denn niemand von uns Menschen ist ein Beruf. Ich glaube auch, dass sich die Gesellschaft daran selbst zerstört, denn das Perfekte lässt sich nicht leben und wir können das als Individuum nicht erreichen und auch nicht aushalten. Das alles lässt sich nur erreichen, wenn wir uns selbst über alles andere hinwegsetzen, uns verleugnen oder besser noch uns selbst damit zu betrügen, dass wir in einer Art des Leistungsdenkens funktionieren sollen, wie es ein Arbeitsprozess erfordert. Die geregelte Arbeit ist für das Leben selbst unerträglich und die Zeit bringt nun jeden Einzelnen dazu, sich selbst mehr und mehr zu vergessen, um den Prozess zu erfüllen und nicht mehr dazu sich selbst zu erfüllen.

Ich habe einiges dazu gelernt aus den verschiedenen Prozessen, die ich selbst erlebt habe und bin dadurch dazu gekommen, mein Leben zu bestimmen und zu formulieren.

Das bedeutet mir heute eine ganze Menge und ich begreife weiterhin, dass ich gar keine andere Möglichkeit habe als das anzunehmen, was ich Tag täglich erlebe und was ich allezeit erlebt habe. Das war ein sehr schwieriger Schritt, das zu erkennen und daraus eine bewusste Realität zu schaffen. Ich meine dass daraus ein großes komplexes Problem in mir gelöst ist. Ich bin heute dazu bereit mir das Erleben anzusehen und merke dadurch, dass aus mir selbst ein harmonisierendes Erlebnis geworden ist. Das bedeutet aber längst nicht, das alles schön und farbenfroh ist, nein ich finde, dass da auch manchmal ein absolut beschissenes Leben dazugehört. Denn ich kann nun mal denken was ich will und das mache ich ja selbstverständlich auch, aber mein Leben zeigt mir dass es sowieso anders kommt als ich es denke. Ich finde nicht einmal mehr dass das paradox ist. Mir ist im Laufe meiner bisherigen Zeit und das sind nun mal fünfundfünfzig Jahre, was ja auch bedeutet, dass ich biologisch gesehen längst auf dem absteigenden Ast angelangt bin. So nehme ich an, dass ich in gar nicht allzu langer Zeit das Leben hier zu Ende gelebt habe. Ich denke ich werde dann verwesen und von mir wird nichts übrig bleiben. Da glaube ich sogar, dass das dann die verdiente Ruhe ist und mir ist ziemlich klar, dass es so sein wird und auch das Es so kommen wird.

Ich denke weiter auch dass ich in dieser logischen Folge klar darüber bin, dass ich dazu keinen Glauben an Gott oder sonstige Geister oder Phänomene benötige. Ich glaube an eine Höhere Macht und ich glaube daran, dass diese Höhere Macht in mir selbst ist und mein Leben bestimmt.

Ich denke an meine Eltern, sie sind beide tot und von Ihnen ist nichts übrig geblieben. Kein Wort und keine Tat! Kein Funken von Leben, weder als Geist noch als irgendein anderes Geschöpf. Ich denke es ist sehr wertvoll für mich, da klar und offen hinzusehen, um mir selbst darüber Gedanken zu machen, die mir meine anerzogenen Ängste vor dem Tod nehmen. Es fühlt sich erleichternd an und das ist es ja auch. Es erleichtert in der Weise, wie ich selbst in der Lage bin, dem Tod zu begegnen und mich selbst so lange ich noch lebe zu arrangieren.

Das ist jetzt schon in Ordnung und ich kann dazu sagen, dass ich froh darüber bin, dass dieses Leben hier in dieser Welt endlich ist und bleibt.

Nur gerate ich jetzt gerade wieder an die Grenze an der sich meine Angst vor dem allein sein, völlig aus dem Ruder wirft. Ich streite darum, die Angst weder zuzugeben noch zu lassen und da ein Gefühl von Nähe zu spüren gehe ich lieber wieder hinunter in den Sumpf der Hoffnungslosigkeit und der Verzweiflung. An dem Punkt scheitere ich nun bestimmt schon fünfzig Jahre und es zeigt ja auch an meiner Partnerin, dass sie genau an diesem Punkt vor mir flieht und ich das zwar erkennen kann, aber keine Lösung finden kann in der ich weiter harmonisch mit mir leben kann. Ich finde das ist verheerend und nicht mal die Verzweiflung lässt mich darin gewinnen, dass ich selbst die Bereitschaft erlange andere liebevollere Wege mit mir selbst einzugehen. Das scheint im Gefühl so zu sein, dass alles still steht und ich nur noch hoffnungsvoll auf meinen eigenen Tod warte, dem ich nichts entgegenzusetzen habe. Diese Qual stelle ich bereits seit ewig langer Zeit immer wieder aufs neue mit mir an. Wenn ich ehrlich zu mir selbst bin, kann ich nicht einmal sagen, woher das kommt. Sind das Gewohnheiten aus der Kindheit? Ich hoffe darauf hier eine Lösung zu finden. Die Lösung sollte sich so darstellen, das ich zumindest die Chance habe da hinter zu blicken um mir die Qualen zu nehmen. Es sollte sich endlich sehnlichst mal ergeben, dass ich das Gefühl bekomme von anderen gemocht zu werden, so wie ich bin. Wo die Ansprüche, die aus meiner Sicht gegen mich gerichtet sind einen vernünftigen Hintergrund bekommen und ich daran zudem erkennen kann, wer ich wirklich bin. Mag so sein oder völlig anders, doch im Moment stelle ich mich nicht meiner eigenen Position, denn ich verharre vor der Angst verlassen zu werden und denke auch, dass es richtig ist die Situation so einzuschätzen. Ich stelle fest, dass das sehr traurig ist und ich nicht einmal die Möglichkeit sehe mich darüber zu unterhalten, denn die Furcht lässt ja nicht einmal das zu. Welch ein irres, ich will nicht sagen verhextes Spiel läuft da in mir selbst ab. Wo kann ich da der Macher werden der die Aufgabe übernimmt, dem zu trotzen oder dort Stellung zu nehmen wo es angebracht wäre. Die Hoffnungslosigkeit und diese Verzweiflung sind mir so bekannt, dass ich gleich wieder daran denke, dass ich lieber aufgeben werde um nicht wieder die Verletzungen aus der Kindheit oder aus meiner ersten Ehe zu spüren. Mich entmachtet das völlig mir selbst gegenüber und die Traurigkeit, das Glück und die Liebe verloren zu haben bringt mir auch nur entsetzen ins Gesicht. Der frühe Tod wäre wirklich eine passende Lösung um der Auseinandersetzung zu entkommen. Worüber aber soll ich mich auch auseinandersetzen? Mir fehlt der Weg zu meinem eigenen Glück und dem Verständnis für mich selbst. Immer wieder gehen andere Türen auf, die mich zudem noch erschrecken lassen. Erschrecken wie viel da in mir selbst, wohl für immer zerstört ist. Die Folgen sind verheerend und noch verheerender finde ich selbst den Anblick dieser einen Gestalt die ich wiederum immer wieder auf das Neue darstelle, um damit doch an Zufriedenheit zu gelangen. Doch die Frage bleibt und es ist wieder die gleiche Frage: Wer oder was bin ich und woran kann ich das Erkennen? Ein zeitloses und vor allen

Dingen ein endloses Spiel.

Ein neuer Tag hat begonnen und ich bin ausgeruht durch den Schlaf der letzten neun Stunden. Das ist genug und reicht aus für den Tag nach dem Schlaf. Nun sitze ich hier und schreibe ein paar Sätze an einem Buch, was den anderen Büchern entgegenwirken soll und ich denke auch das wird mir gelingen. Ich rede wenig von Krankheiten und den folgen daraus, lediglich im Zusammenhang kommen die Themen Sucht, Bipolarität und Trauma mit in das Bild dieses Buches. Was denke ich mir dazu aus, wo mir doch sehr klar geworden ist, dass ich meine Krankheiten auch als gesund ansehen, zumindest soweit ich es mir selbst ausdenken kann. Die Weltgesundheitsorganisation hat ja den Katalog für Krankheiten mit den verschiedenen ICD – Schlüsseln festgelegt. Da gibt es dann auch den ICD 10 der sich mit den psychischen Erkrankungen befasst und diese dort festhält. Die Sucht ist zum Beispiel dort erst in den Siebzigerjahren des zwanzigsten Jahrhunderts aufgenommen worden. Vorher war Sucht wohl nur eine Willenssache! So ändern sich nicht die Zeiten aber die Vorgehensweisen der bestimmenden Institutionen. Der

Herzinfarkt war vor dreißig Jahren mit Sicherheit noch eine Begründung zum Erhalt der Erwerbsunfähigkeitsrente. Heute bekommt man darauf allerdings nur mit Widerspruch fünf Prozent Schwerbehinderung! Also die gesundheitlichen Probleme die ein Mensch so haben kann werden von anderen bestimmt und einsortiert in verschiedene Schemata. Was da dann stimmt wird von den Ärzten durch die Diagnostik vergeben. Das ist doch schon seltsam. Ärzte vergeben die Krankheitsbilder und wo bleibt der Patient? Der hat sich in dieses Schema zu fügen, egal ob das stimmt oder nicht stimmt. Bei körperlichen Erkrankungen denke ich mir, dass die Diagnostik einfach ist. Nur was ist mit den psychischen Erkrankungen, wo doch nicht mal ganz klar ist, was die Psyche ist und welche Auswirkungen wo her kommen. Mein Beispiel dazu sind die Einschätzungen der Ärzte der Psychiatrie und der Kliniken für Trauma Behandlung und medizinischer Rehabilitation. Fehleinschätzungen sind an der Tagesordnung!! Mit oft fatalen Folgen. Ich gehe in die Psychiatrie und bekomme eine Diagnose. Alkoholismus und eine Persönlichkeitsstörung und werde dementsprechend behandelt. Sogar mit Medikamenten versorgt um das Leiden durch Alkoholismus und der Persönlichkeitsstörung zu lindern.

„ Meine eigene Einschätzung wird nicht berücksichtigt, da ich ja kein Arzt bin"! Die Diagnosen des Arztes sind falsch, aber meine Behandlung wird aufgrund des falschen Arztberichtes vorgenommen. Das ist kaum fassbar für mich und ich kann darüber nur noch staunen. Ich kannte viele Menschen, die leben heute nicht mehr und ich denke, die oben beschriebene Vorgehensweise spielt dort eine Rolle. Die Toten kann man nicht mehr befragen und so sind die dann selbst schuld, obwohl dort einige hätten noch leben können, wären sie richtig diagnostiziert und behandelt worden. Das ist nicht einmal ein Vorwurf von mir an die Ärzte in den Behandlungsanstalten. Nein ich denke mir da was anderes für aus. Die Ärzte können da noch nicht einmal selbst was dran machen, denn die können Patienten anhand von Verhaltensweisen und Stimmungen auch ja nur nach den vorgegebenen Strategien diagnostizieren. Genau wie alle anderen Berufe ja lediglich das machen was sie gelernt haben und nun gemäß ihrer Vorschriften durchführen müssen. Da ist zum Beispiel ein Arbeitsberater beim hiesigen Arbeitsamt, der hat mir mal gesagt: Sie dürfen sich nicht so anstellen, nun suchen sie sich eine Arbeit, egal was sie machen, dann kommen sie auch mit ihren Krankheiten zurecht. Der hat meiner Ansicht nach ja wirklich was gelernt in seinem Leben. Das ist natürlich ironisch gemeint, denn dieser missachtet ja meinen seelischen Gesundheitszustand völlig, aber fühlt sich in seiner Rolle als Arbeitsvermittler wahrscheinlich auch noch großartig. Wehe dem er verliert mal seine Arbeit und muss dann selbst sehen, wie klein er doch in dieser großen Welt ist. Da gibt es so viele Beispiele in meinem Bekanntenkreis: Ein weiteres Beispiel ist ein Apotheker, dessen Ansehen und auch dessen Anwesen wirklich schön und großartig aussieht. Dieser ist ein manisch – depressiver Mann, der natürlich aufgrund seiner nach außen hin glänzenden Position auch ständig viel Geld hatte und dies auch nach außen trug. Nun ist er vor kurzem in die Insolvenz geraten und die Apotheke wurde von seinen Betreuern geschlossen. Er sitzt nun seit mehreren Monaten in der Psychiatrie und wird wahrscheinlich mit der anstehenden Situation vollkommen überfordert sein. Er kann sich nun auch nach außen nicht mehr so darstellen, weil er nun auf sich selbst zurückgeworfen   ist. Andere haben das gleiche Schicksal zwischen ihren Berufen und dem eigenen „Leben", festzustellen wer sie wirklich sind. Die Frage ist so brennend und wie viele stecken in dem Dilemma, im Berufsleben perfekt funktionieren zu müssen und in ihrem wirklichen Leben ja auch ständig merken, dass sie gar nicht perfekt sind und sein können. Ich denke mir, das ist auch bei vielen der Grund für das Burnout und die Depression um nur ein paar Beispiele psychischer Erkrankungen zu nennen. Alkohol und Drogensucht sind nur weitere Beispiele, wie ein System Menschen dahinsiechen lässt, um in der Hierarchie der Arbeitswelt mächtig bleiben zu können. Denn ich denke mir ohne diese Form der Macht würde das komplette System zusammenbrechen und ich meine auch, dass wir längerfristig auf dem Weg dahin sind. Immer mehr kranke und immer weniger gesunde und alles dreht sich um Geld und um Arbeit.

Immer weniger Mensch und Zwischenmenschlichkeit! Wo sind denn die Großfamilien aus dem letzten

Jahrhundert geblieben? Wo sind Familien noch intakt? München soll schon fünfzig Prozent Menschen haben, die alleine wohnen. Ich finde für mich selbst habe ich hier ganz schöne Wege gefunden um diesem ganzen Mist weitestgehend aus dem Weg zu gehen. Ich bin Frührentner, das klingt ja besser als Erwerbsunfähig (obwohl ich das auch bin). Zumindest nennt sich meine Rente so: Erwerbsunfähigkeitsrente! Damit sollte ich ja den ganzen Schmutz und die unmenschliche Behandlung auf dem Arbeitsmarkt los sein. Doch auch da habe ich mich getäuscht, denn um mir ein paar Kröten dazu zu verdienen bin ich mit der Rentenversicherung einen Deal eingegangen. Ich mache eine Maßnahme zur Teilhabe am Arbeitsleben mit. In einer Werkstatt für psychisch behinderte Menschen. Übrigens diese Wörter und diese Einrichtungen kannte ich vor zwei Jahren noch nicht mal. Das hat mir nie jemand gesagt, obwohl ich die Diagnose: rezidivierende Depressionen schon seit neunzehnhunderfünfundneunzig habe!

Aber das nur am Rande.

Nun aber wieder zurück zu der Therapie.

Zuerst einmal müssen natürlich Themen auf den Tisch

um daraus Gespräche zu entwickeln. Es war nicht sehr schwierig welche zu finden.

Ich denke um in der Hauptsache klar zu formulieren erwähne ich nur die wesentlichen Ansatzpunkte.

Ich gehe davon aus, dass die traumatischen Erlebnisse, meine Bipolarität in diesem Zusammenhang die wichtigsten Ausgangspunkte waren.

Am Rande folgte die Abhängigkeit von Drogen und Alkohol, obwohl ich heute denke, dass das meine Hauptproblematik ist und ein cleanes Leben die Grundvorraussetzung dafür ist überhaupt irgendetwas in vernünftiger Weise ändern zu können.

Die Therapie fand so den Ansatz aus diesem Komplex und mir sind durch die begrifflichen Feststellungen einige Verhaltensweisen deutlich geworden.

Ich habe in der Therapie verstanden mich selbst zu formulieren und denke auch, dass das eine grundsätzliche Voraussetzung für eine Therapie ist. Eine stabile Grundlage muss ich mitbringen sonst ist der Versuch jemanden zu unterstützen gar nicht möglich, die Grenzen der Therapie sind ja auch die Grenze des Therapeuten. Was lerne ich in der Therapie, wenn ich nicht selbst den Anlass gebe etwas zu lernen? Nur da bleibt dann natürlich die Frage: „ Was lerne ich dadurch, dass mir jemand sagt, wie ich das was ich gemacht habe verstehen kann um daraus zu erkennen, das es vielleicht falsch war? Ich habe Drogen genommen und wollte mir das Leben nehmen, das stimmt so! Nun sehe ich mir das mal etwas genauer an. Wie fühle ich mich denn, wenn ich Drogen nehmen will? Ist es nur Neugierde darauf wie es sich anfühlt berauscht zu sein? Wie fühlt es sich an, wenn ich nicht mehr Leben will? Ist es der Wunsch oder auch die Sehnsucht nach dem, was ich verloren glaubte? Oder ist beides komplizierter? Ich denke mir nun mal aus, dass es doch wesentlich komplexer ist und es hat beides mit Flucht zu tun. Ich fliehe vor dem, was sich mir als Realität aufzeigt. Flucht vor den Konsequenzen aus dem Leben was ich schon gelebt habe, also der Vergangenheit. Vergangenes macht mich schrecklich depressiv, da es Folgen mit sich gebracht hat die ich nicht überschauen konnte. Es war auch wohl viel zu viel. Meine erste Ehe war nach über zwanzig Jahren geschieden. Es war ja schon Gewohnheit geworden, mit der Frau verheiratet zu sein. War es nur Gewohnheit oder hatte ich schon gedacht, dass diese Ehe niemals enden könnte? Das zweite ist es was mir die Grundlagen meines eigenen Lebens genommen hatte. Ich hab ja auch nie anders verstanden: „Wenn ich einmal heirate ist das für immer"! Das auf mich nach so langer Zeit nochmal eine Trennung zukommen kann, konnte ich gar nicht denken! Nur was macht das im Gefühl aus, die Ehe sollte ja was absolutes und für immer sein: „ In guten und in schlechten Zeiten und zudem noch bis der Tod uns scheidet"! Eine völlig brutale Idee, die natürlich von der Kirche oder den Gestzgebern stammt. Brutal darum, weil ja auch andere Wege gar nicht mehr möglich sind und vollkommen ausgeschlossen werden.

Das schaffte mir natürlich sehr viel Verzweiflung und als extremer Typ auch noch krankhafte Verzweiflung. Es gab ja nun nichts was mir sagen konnte, dass das alles gar nicht richtig ist. Eine Trennung von einem langjährigen Partner, ist ja auch schon ein „ kleiner Tod", hab ich jedenfalls mal so gehört. Bei mir jedenfalls schlug das ein, wie eine Bombe. Ich dachte ja ab dem Zeitpunkt für mich kommt nichts anderes mehr in Frage als der Tod und so kamen ja auch die Selbstmordversuche zustande.

Der Norm nach hatte ich mich in der Ehe nicht korrekt verhalten, denn ich ging ja schon mehrere Jahre in Freudenhäuser um mich zu vergnügen? Oder blieb auch da gar nichts anderes übrig? Um meine Sexualität auszuleben? Es ist ja auch langweilig geworden, Sex immer mit dem gleichen Partner, das befreite mich ja längst nicht mehr. Da gelingt es mir inzwischen auch den Thesen von Sigmund Freud etwas abzugewinnen, der redete ja von der Libido des Mannes. Wohl auch von einer Lebensart die verschiedene Sexualpartner zulässt. Mich verwirrt es heute nicht mehr so darüber zu denken. Selbst habe ich ja erfahren, wie gierig ich werden kann, wenn eine attraktive, eine sexuell anziehende Frau in meiner Gegenwart ist. Ich lechze ja danach, mit der dann ins Bett zu gehen.

Den Normen und wiedereinmal dem gelernten entspricht das natürlich nicht. Wie schon gesagt" bis der Tod" euch scheidet! So steht es im Gesetz. Was ist nur aus dem Menschen als Tier geworden? Wo sind im Gesetz oder in der Norm die Instinkte?

Wenn ich mich nun für einen Augenblick aus der Verantwortung nehme, dann kommt es doch durch diese

Regeln dazu, dass ich selbst völlig verwirrt zwischen den „Normen und den Instinkten" leben muss. Eine interessante praktische Erfahrung finde ich. Schade ist ja nur, dass man mit den Instinkten hier in Deutschland auch nicht leben kann. Obwohl das ja zu bezweifeln gilt. Mit einem Geschäftsführer hatte ich mal ein Gespräch: „ Der sagte zu mir, er würde in seiner Arbeitswelt versuchen die Mitbewerber platt zu machen"! Wenn das so abläuft, kann ich ja schnell zu dem Denken kommen, dass Mord nicht auf seiner Liste steht, aber der finanzielle Ruin der Mitbewerber. Was ist daran anders als Mord? Ich finde das alles ziemlich brutal und nimmer kann ich entdecken, dass der Mensch ein soziales Wesen ist. „ Trotzdem möchte ich soweit nicht mit mir gehen und bleibe da stumm, wo es anfängt, dass ich nach Instinkt oder Intuition leben möchte! Doch mir ist bewusst, dass es besser wäre, wären da nicht die vielen Konsequenzen, die es ja auch verbieten.

Nur was will ich damit ausdrücken! Soweit weg von der Natur. Soweit weg von dem was das Leben ausmachen könnte! Soweit weg von dem was lebenswert ist.

Da werde ich traurig und mir fällt wenig ein was mir in

diesem Denken eine Änderung geben könnte. Mir fällt oftmals nicht genug ein um aus der Begrenztheit meines Lebens in ein Leben in Freiheit zu kommen. Freiheit bedeutet doch, dass ich von dem frei bin, was mich abhängig macht und streng genommen von allem was mich abhängig macht. Nehme ich mal die Berufe die ich gelernt habe, damit sollte ich die Freiheit bekommen, dass ich finanziell unabhängig bin. Nur der Beruf birgt ja auch jede Menge gefahren: Die Arbeit wird im Laufe der Zeit so eintönig, dass ich gar nicht mehr richtig darin leben kann. Die Begrenzung spielt sich ja in der Perspektivlosigkeit ab. Gelernt habe ich zwar die Fertigkeiten die zur Ausübung des speziellen Berufes Notwendig sind, aber nicht lernen konnte ich darin, wie ich mein eigenes Befinden darin leben kann. Ich denke das ist sehr markant und löst ja nichts weiter aus als Enttäuschung und Traurigkeit. Mit der Traurigkeit finde ich keinen Output, da sie sich ja auf Grund des Berufes entwickelt hat. Was bleibt mir da nun übrig um überhaupt eine Veränderung zu spüren? Ich suche mir die Vorteile des Berufes zusammen in dem ich das abwäge, was ich selbst tatsächlich davon habe. Bei der

Abwägung stelle ich fest, dass die Traurigkeit bleibt. Was ist da zu tun? Bleibt das fraglich oder wo kann ich Antworten finden? Ich habe die Möglichkeit einen anderen Beruf zu wählen und bekomme dann erst mal während der Zeit in der ich den anderen Beruf lerne das Gefühl, was anderes zu machen. Was ja auch so ist, doch was stellt sich im Laufe der Zeit ein, es ist wieder diese Traurigkeit und die gleiche Verzweiflung. Was bleibt mir nun wiederum übrig als mir mal anzusehen warum ich das mache. Ich komme vielleicht noch zu dem Entschluss, dass ich ja das Geld was ich für die Arbeit bekomme auch verbrauche. So kann es eine Zeit gehen, dass ich dort wieder eine gewisse Zeit stillhalten kann, trotz der Verzweiflung und der Traurigkeit. Was aber passiert mit mir selbst? Logischerweise kann ich bei dieser Einstellung nur zusehen wie ich mein Gefühl von dem was ich tue abspalte. Was entsteht hier nun auch logischer Weise? Ich gerate in eine Depression. Die Depression dient ja dazu, dass ich nicht ordentlich empfinde, was mit mir selbst so los ist. Sprich die Empfindungen sind ja weggedrückt und dies heißt ja wörtlich übersetzt Depression.

Nun habe ich mich dahin gewirtschaftet dass ich krank bin. Nur was konnte ich überhaupt dagegen tun? Im Detail finde ich das beschriebene ja zudem noch ziemlich klar und einleuchtend. Das scheint es ja auch zu sein und gibt mir selbst ja Recht. Nur wie soll ich so mein Denken und Fühlen dahingehend verändern, dass ich die Arbeit als sinnvoll und auch noch wertvoll zu betrachten? Nach dreißig Jahren in diesem Arbeitsprozess, der zudem auch noch Hierarchisch abgelaufen ist, wage ich es ja kaum noch mich dafür zu entscheiden, dass es tatsächlich Sinn macht und mich vielleicht auch noch zufriedenstellt. Also versuche ich ab sofort vor diesem Arbeitsprozess zu fliehen und trotzdem ein vernünftiges Leben zu führen. Nur welcher Weg bleibt da übrig? Ich werde also krank um das zu erreichen, was ich erreichen wollte. Krankheit ist ja ein Mittel um dem zu entkommen. Auch psychische Krankheit fällt da hinein. Ich wähle mir also nun verschiedene Krankheiten aus dem breiten Spektrum des ICD – 10 aus. Gehe zum Arzt und erzähle ihm mein Dilemma und die Geschichte mit den Selbstmordversuchen. Der Arzt macht sich nun Notizen und stellt nach einem Katalog ein Krankheitsbild auf. Er stellt eine Diagnose! Ungeachtet dessen ob ich das wirklich habe oder nicht werde ich damit konfrontiert. Ich setze mich nun damit auseinander und stelle fest, dass das was der Arzt da geschrieben hat gar nicht stimmt. Was bleibt mir nun? Den Arzt wechseln? Jedenfalls habe ich, wie ja oben schon beschrieben keine Motivation mehr, mich der Arbeitswelt anzupassen. Ich stelle einen Antrag auf Rente. Die Rentenversicherung schickt mich zu einem anderen Arzt / Psychologen / Gutachter, den ich ja auch mit Angst konsultiere. Mit Angst, wohlgemerkt! Der könnte ja was aufschreiben, was mir gehörig einen Strich durch meinen Rentenantrag macht. Mit welchem Recht auch immer, aber es geschieht so. Denn hier ist alles gesetzlich geregelt im Sinne der Gesellschaft oder den von der Gesellschaft gewählten Vertretern. Jeder Beruf im System gibt einzelnen das Recht mehr oder weniger über andere zu bestimmen. Verblüffend, aber doch wahr! Man nennt es dann Demokratie! Aber für mein Denken ist das ganz was anderes: "Macht und Gehorsam"! Da komme ich auch schon an meine Grenzen, denn das zu überblicken gelingt mir vielleicht noch, aber zu verändern, dazu denke ich bin ich allein nicht fähig! So suche ich weiter und schaffe mir ein eigenes Nadelöhr. Ein Schlupfloch aus dem ganzen Scheiß heraus. Es dauert eine Weile bis ich meinen Erwerbsunfähigkeitsrentenbescheid bekomme, diese wird befristet auf drei Jahre. Wenn ich drei mal drei Jahre Rente bekommen habe ist es endgültig. Gut dass ich das weiß, nur was muss denn in den neun Jahren passieren, wenn ich diese tausend Euro Rente behalten möchte? Ich muss folgend die ganzen neun Jahre krank bleiben. Denke ich mir jedenfalls. Die Rentenversicherung behält sich ja offen, dass sich in den drei Schritten mein Gesundheitszustand verbessert. Oder hält sie sich offen, dass die gesetzlichen Regelungen geändert werden in den neun Jahren? Ich bleibe folglich also krank: Ich bemühe mich jedenfalls darum. Was bedeutet das denn aber? Ich gehe erst mal regelmäßig zu meinem Psychiater, dieser schreibt jedes mal mein Befinden auf. Daraus kann er dann wohl ein anderes oder immer das gleiche Krankheitsbild diagnostizieren. Bei der Krankenkasse gelte ich schon länger chronisch krank. Aber nur weil ich in den letzten Jahren häufiger dieselbe Diagnose bekommen habe.

Aber was hat das alles mit dem Thema zu tun? Themen in der Therapie. Ausschließlich um mich mit meinen Befindlichkeiten und oder Gefühlen hat die Therapie zu tun. Mit mir und meiner Psyche, meiner Seele! Doch im Ergebnis hat das oben beschriebene alles viel mit mir und meinen Befindlichkeiten zu tun. Es kann ja auch sein, dass ich diese Strategie verfolge weil ich Angst habe, dass ich wieder in so ein schreckliches Dilemma komme, wie ich es bei meinen Arbeitsstellen erlebt habe. Doch das ist andererseits auch dass, was ich ändern muss um zufrieden leben zu können. Das ist nun halt das Dilemma in dem ich stecke. Erwerbsfähig zu sein, wenn nicht erwerbsfähig krank zu sein. Das ist doch fast zum kotzen, möchte ich mal schreiben. Das ich gesund bin und trotzdem nicht zur Arbeit gehen möchte und kann, ist gar nicht möglich. Da ist wieder einmal das schöne Wort Demokratie angebracht! Ich frage mich selbst, was das mit dem Leben selbst zu tun hat, wo doch jeder machen möchte, was er machen möchte. Nicht bestraft oder sanktioniert werden für nicht einhalten von vorbestimmten Uhrzeiten oder willentlichen Verhaltensweisen die der Arbeit nicht dienen. Das haben

109

die Menschen schon hingekriegt und ich denke auch dass es beschämend ist, da durchzublicken um anders zu leben. Mit welchem Recht bekommen denn so wie so manche Menschen mehr Geld für das Abgeben der Lebenszeit an einen praktischen Dienst? Das wird auch niemand so konkret erörtern, dass jemand mit mehr Geld, mehr Wert ist als jemand mit weniger Geld. Machtbesessen aus Angst, ist das der Mensch? Machtbesessen aus Habgier? Machtbesessen aus Geltungsbedürftigkeit? Eine Frage drängt sich mir nun doch ernsthaft auf:" Warum sind wir Menschen so, wenn wir doch glauben wir wären soziale Wesen und auch noch anders als Tiere"? Ich zumindest denke mir, dass wir die gleichen Eigenschaften haben wie die Tiere und dieses in der Form, durch das Geld nur anders ausleben, als es direkt zu sagen. Mich macht das nicht stutzig und ich bin bewusst darüber dass es so ist. Mir ist klar warum Menschen so sind und das auch so leben, weil die Welt mit ihrer Ordnung sonst anders wäre. Wenn wir wirklich soziale Wesen wären und auch noch anders als Tiere, dann würde es weder Kriege geben, noch würde irgendjemand verhungern. Es wäre so, dass alles allen gehören würde und nicht jeder kämpft für einen Platz. Es gäbe keine Notwendigkeit zu kämpfen um mehr Macht und um mehr Geld! Wir könnten in Frieden miteinander leben. Es bräuchte keine Behörden die versuchen die Demokratie durchzusetzen, oder Politiker die darum streiten, was die richtigen Worte sind um ein Land zu regieren. Es gäbe dazu bestimmt noch eine ganze Menge zu schreiben. Nur diese vielen Worte sind meines Erachtens nach doch fast alle unzureichend um mir so zu erklären was ich denken könnte um mein leben zu leben. Dazu bedarf es letztendlich nicht vieler Worte. Denn das Leben sind nicht unsere Gedanken und zudem meine ich, dass da weder eine Therapie noch eine andere Art der Arbeit ausreicht, das überhaupt zu erfassen. Schließlich ist die Therapie ja auch nur eine Art, um im System Geld zu verdienen. Keine Frage bleibt ob die Therapie denn ein sinnvoller Prozess ist. Sinnvoll ist schon der Ansatz dass Therapie: „Behandlung der Seele bedeuten soll".

Gerade heute ist da mal ganz was schönes in der Therapie gewesen. Nicht schön in dem Sinn, dass da was tolles gut ausgesehen hat. Doch eins sah ja sogar toll aus, die Kletterpflanze von der Therapeutin hat sich von einem

Kahlschnitt erholt und sah dann auch viel besser aus, als in der letzten Sitzung. Nur da will ich gar nicht weiter drauf hinaus, sehr erstaunlich und für mich äußerst auffällig war, das nun folgende. Dass Schreiben darüber ist allein schon enorm schwer. Aber ich bleibe bei mir selbst. Ich habe was zu berichten von für mich gewaltige seelische Prozesse.

Es sind psychische Prozesse die in die Depression führen, das bedeutet doch im Umkehrschluss dass es auch Wege daraus gibt.

Das ist natürlich ein für mich sehr markantes und doch auch hochinteressantes Thema. So beginne ich mal das aufzuklären indem ich meine eigenen Schlüsse und Erkenntnisse daraus in ein deutlicheres Bild zu rücken. Ich denke mir dass es keine Heilung gibt, aber ich bin genauso gewiss darüber dass die Prozesse in die Depression und auch in die Manie ganz deutlich Zeichen setzen und ich der einzige bin, der diese oftmaligen Trugschlüsse für mich so aufbereiten kann, dass sich für die Gegenwart und Zukunft ein anderes Bild ergibt.

Ich beschreibe die Vorgehensweise in einem Beispiel:

Da ist zum Beispiel das Rauchen, solange ich weiter

rauche gerate ich darum regelmäßig in eine Verzweiflung und danach in eine Depression.

Gedanklich kann ich dazu sagen, das es ja auch richtig und in Ordnung ist. Denn mir ist ja bewusst, dass ich durch das Rauchen meine Gesundheit so stark gefährde, dass es irgendwann zum Tode führen kann. Dass darum meine Psyche nicht so tut als wäre es okay so, kann ich bisher leider nur verstehen.

Vielleicht ist das ein schlechtes Beispiel. Weitere Beispiele finde ich in meinem derzeitigen Leben.

Ich bin seit meinem Geburtstag zum dritten mal in meinem Leben verheiratet.

Ich habe somit zwei gescheiterte Ehen hinter mir und das logischer Weise mit zwei unterschiedlichen Frauen. Die erste Ehe dauerte über 20 Jahren und daraus sind drei Kinder hervorgegangen. Diese drei Kinder sind erwachsen.

Die zweite Ehe dauerte ein Jahr und daraus geht ein Kind hervor. Die kleine ist sechs Jahre alt.

Die dritte Ehe dauert jetzt ein halbes Jahr und wir leben mit meinem fünften Kind in einer gemeinsamen Wohnung.

Zu den Kindern aus erster Ehe habe ich einen regelmäßigen Kontakt und das gibt mir den Mut, dass ich damit auf dem Weg bin, den ich auch ja gerne habe.

Zu der Tochter aus der zweiten Ehe ist der Kontakt ein halbes Jahr nach der Trennung zu meiner zweiten Frau abgebrochen. Dort fehlt mir der Kontakt und ich sehe zur Zeit auch keine Möglichkeit, den Kontakt wieder herzustellen. Ich selbst bezeichne meine zweite Frau als schwer psychisch krank und denke das bestätigte sie auch durch ihr ambivalentes Verhalten mir und den Kindern gegenüber. Ob das heute noch so zutrifft kann ich nicht behaupten, aber da gehe ich von aus.

Ich zahle hier regelmäßig Unterhalt für die kleine und bin auch ganz froh darüber, dass es rechtlich so geregelt ist, dass ich unterhaltspflichtig bin. Ich denke ich würde sonst nicht bezahlen! Das hört sich schlimm an, aber ich denke, das wäre völlig normal.

Im übrigen bin ich auch nicht sicher ob die kleine wirklich meine Tochter ist. Einen Test dazu habe ich allerdings auch noch nicht veranlasst. Ich meine auch das würde mich wiederum um die 600 kosten. Die beiden Frauen und die Kinder seien hier auch nur am Rande erwähnt. Wo ich drauf hinaus möchte, ist mein eigener Umstand dabei.

Die beiden Ehen sind ja gescheitert weil ich mich beschissen benommen habe, das bedeutet nicht, dass ich bewusst gegen die beiden gearbeitet habe, doch denke ich dass Menschen die sich so extrem verhalten wie ich es lange Zeit gemacht habe, nicht zum Aushalten sind! Verhaltensweisen eines manisch-depressiven!

Sicher ist natürlich auch, dass beide Frauen selbst auch zum scheitern der Ehen beigetragen haben. Die Charaktereigenschaften der beiden lassen dort Schlüsse zu, die mich erkennen lassen, dass beide Frauen durch Ihre nicht so glückliche Kindheit, ich nenne es mal psychisch angeschlagen sind und auch nicht bereit waren oder sind, das aufzuarbeiten. Das führt in der Konsequenz dazu, dass sie vor den eigenen Emotionen fliehen.

Zum Teil sind diese Emotionen auch ja fast unerträglich: Anerzogene Angst, Verzweiflung, Depression, tiefe Traurigkeit, das sind wohl die Emotionen die solches Leben ausmacht. Das ist allerdings mein Denken darüber und ich bin mir da nicht sicher ob meine Gedanken das wirklich richtig treffen oder ob es wiederum nur der Schein ist, um mich selbst vor diesen Gefühlen zu schützen. Es gibt mir ein Gefühl der Erleichterung wenn ich auch dieses Denken um andere auf mich selbst beziehe. Ich schätze das so ein, weil ich dadurch mir damit gerecht werde und mir dadurch natürlich nichts anderes übrig bleibt als mich damit anzunehmen. Nur das ist ja nicht das Thema worüber ich hier schreiben möchte. Es geht mir ja ganz schlicht darum wie ich mit alldem umgehen kann, was ich selbst bereits erlebt habe. Haute ist Heiligabend und ich sitze hier zu Hause mit meiner neuen dritten Familie. Mit meiner eigenen Herkunftsfamilie habe ich kaum noch etwas zu tun. Es fühlt sich immer mehr so an als würde ich dort abgelehnt und ausgeschlossen. Ich denke darüber nach und finde auch nicht mehr die Möglichkeit mein eigenes Interesse dahinzuleben, mich damit gerade um die Weihnachtszeit zu belasten. Mir macht es keine Freude und ich kann da zur Zeit auch nur mit Wehmut hinsehen und da ist auch vieles was mit Angst zu tun hat. Nehme ich an, ich werde den Ansprüchen aus meiner Ursprungsfamilie nicht gerecht ist es ja völlig richtig dort auf den Kontakt zu verzichten. Verzicht ist dass was im Grunde genommen auch nur übrig bleibt.

Ich hab keinen Bock mehr dort wieder in die Rolle des Übeltäters zurückzukehren nur weil ich ein anderes Leben lebe und gelebt habe, wie es aus Sicht meiner Geschwister hätte sein sollen. Das mag auch alles falsch sein, was ich da selbst denke, aber es ist auch hier so wie es nun mal ist! Ich bin auch nicht bereit dazu Änderungen herbeizuführen. Die Ungerechtigkeit meinerseits zeigt sich mir auch nur im Kontakt zu meinen älteren Schwestern.

Da sind nun mal zu viele schlechte Erinnerungen an die Kindheit die mich bis heute sehr traurig machen und von denen ich mich nicht lösen kann oder will , da mir vieles auch nicht bewusst ist.

Meine Traumata aus dieser Zeit hielten mich so lange genug fest und ich wäre daran ja auch fast zerbrochen um nicht zu sagen gestorben! Das macht logischer Weise ja zudem Angst. Welch ein Scheiß leben ist das hier eigentlich?

Da hilft ja auch niemand vor allen nicht von denen die letztlich selbst betroffen waren oder sind! Da hilft es mir selbst am besten Abstand zu nehmen und zu halten. Das scheint mir so, wenn ich so schreibe, dass sich der Schmerz aus dieser Zeit einfach nicht lösen will. Kam da auch der Herzinfarkt und die Darmentzündung her? Vermuten lässt sich das auf jeden Fall, nur das Manko oder mein Handicap daran ist ja, dass ich mich nicht erinnern kann. Ich erwarte da nicht mehr viel von meinen eigenen Geschwistern.

Ich stelle fest, dass da noch einiges festsitzt und sich sicher derzeit auch nicht löst, darum ist es wahrscheinlich auch so schwer da mit mir umzugehen. Da heißt es Verzeihung, aber es liegt ja an jedem selbst was er aus sich und seinem Leben macht! Ein ungeheurer Trugschluss aus meiner Sicht, denn ich selbst bin natürlich derjenige der mein Leben gestaltet, doch wiederum geht es ja aus dem Unterbewusstsein um viele Belange die ich selbst nicht in der Hand habe, wo ich vom eigenen Leben so entsetzlich widersprüchlich denke, dass es mir nicht möglich erscheint da Frieden zu erlangen, bessere Harmonie. Aber was macht es schon aus? Wie heilsam ist das, was ich in den verschiedensten Therapien dazugelernt habe? Am Entsätzlichsten an den vergangenen Therapien war wohl das, was ich in Twistringen dazugelernt habe. Eine große Schweinerei am Menschen kann ich dazu nur sagen. Da waren Menschen die akut krank sind hingehalten zu Psychodrama und anderen Formen der Therapie die dem einzelnen überhaupt nicht helfen können. Da das zu erreichende fernab von dem ist, was ein Mensch der akut krank ist überhaupt aufnehmen kann. Aber das nur am Rande. Hier möchte ich mich weiter auf die 12. Therapie konzentrieren.

Ich denke es ist eine gelungene Therapie!

Ich habe eine Menge von dem erfahren was mich ausmacht und vor allen Dingen habe ich verstanden, dass alles gewesene gewesen ist und dass mir nichts anderes übrig bleibt als mit dem zu leben.

Nur was macht es häufig so schwer und was bedauere ich doch noch so häufig daran? Ich sollte und wollte mich verändern, doch denke ich mir dass mir das nicht gelungen ist! Ich kann sicher vieles von dem was ich denke mit anderen Augen sehen? Nur wenn ich in der Realität bleibe und die Wörter die ich kenne wirklich beim Wort nehme dann sind es immer die Gleichen

Augen! Das macht mir auch vieles leichter, da ich mich nicht so sehr anstrengen brauche um etwas zu verstehen. Meine Augen sind im Laufe der Zeit schlechter geworden, doch das ist eine Folge des Alters, doch es sind und bleiben meine Augen. Das war mal wieder so ein Trugschluss dem ich mich lange hingegeben hatte. Das heißt natürlich ganz klar: Ich sehe das was ich sehe immer mit den selben Augen. Baum ist Baum, Gras ist Gras und die Folge von anders sehen ist Verwirrung! Ich meine dass das auch richtig so ist. Ich sehe und habe Ruhe und Frieden wenn ich mit den selben Augen sehe. Was macht nun in diesem doch auch so simplen Beispiel eine Veränderung aus? Die Veränderung ist die, dass ich verstanden habe dass ich nicht mit anderen Augen sehen kann als den Augen die ich habe! Und die Erkenntnis bleibt doch nun auf mein ganzen Leben und all meine Sinne in der gleichen Weise so eindeutig klar. Denn dass was ich wirklich machen kann, ist so.

Also im Ergebnis bleibt da für mich festzuhalten, dass die Depression und auch die Manie ein Versuch ist, dass auszuhalten was mich wirklich bewegt und ausmacht. Es erfährt durch die Manie und die Depression die Flucht im

Anschein, da ich das, was ich dann aushalten darf, sich gefühlsmäßig so äußert. Weiter bedeutet das für mich, dass ich dies nur annehmen kann um mich anders zu fühlen.

Stabilität ist ja zuerst ein einfaches Wort nur im Denken mit psychischer Instabilität kann ich überhaupt begreifen, dass es auch so etwas wie psychische Stabilität und damit auch ein Balance gibt, die ich erreichen kann, durch ein stabiles gleichmäßiges Verhalten. Das bedeutet aber auch, dass ich in dieser Balance nur bleiben kann, wenn ich so lebe! Praktisch habe ich einen Lebenszyklus der sich immer wiederholt. Ich stehe morgens auf und beginne jeden Tag gleich bis ich am Abend wieder ins Bett gehe und das ständig wiederhole. So bleibe ich psychisch wie geistig und körperlich stabil? Na ja, wenn das man so einfach zu erledigen wäre, wie es doch prinzipiell ist?

Aber diese Theorie hat ja auch was fesselndes. Es lässt mich ja den Anschein wahren, dass dieses rythmische Verhalten mir das Wohl meiner selbst, durch die ständig fast ruhige Gefühlslage gibt.

Allerdings kommt es trotz dieser verhältnismäßig

gleichen Ausrichtung der Tage auch zu Unwohlsein, denn es passiert ja auch ziemlich wenig, was mich anspornt oder was mir das Gefühl vermittelt, wichtig zu sein. Beziehungsweise was das Leben interessant machen könnte.

Nein, das kann ich da so beim besten Willen nicht erleben, denn es wird so zu einer langweiligen Angelegenheit. Doch ich sage mir da etwas anderes, denn es scheint mir gerade im Moment so als wäre ein ausbalanciertes Leben, gerade nicht langweilig, sondern gelassen. Gelassenheit in der Annahme nichts besonderes zu sein, nur einer von ungefähr 7.000.000.000 Menschen. Das macht mich nicht klein, klein gemacht würde ich dann depressiv. Nein sorgsamer erkannt wäre ich dann einer der genauso ist, wie die anderen 6.999.999.999 Menschen. Das fühlt sich viel ruhiger und in der Bewertung auch viel bedeutsamer an.

Nur das versucht ja der Mensch nicht, der nach Ansehen und Macht strebt, der sich mit besser und schlechter artikuliert. Alles messen in Werte, die es mir nach nicht gibt und wir das seit dem Kleinkindalter gelernt haben, das Männer in Anzügen und Schlips wertvoller und angesehener dastehen, als andere die keinen Wert auf die Kleidung legen. Schule gibt dem Menschen einen Wert zwischen eins und sechs. Arbeit gibt dem Menschen einen Wert in bezahlter Arbeit, je mehr Geld jemand bekommt je höher ist die Position. Leben bleibt liegen, hinter dem Geld. Große Autos für die armen Reichen. Aber nichts davon zu hören, wie sich die armen Reichen fühlen. Wie sie es schaffen in ein stabiles psychisches Gleichgewicht zu kommen.

Doch was schreibe ich da, mein Gleichgewicht wird wohl Zeit meines Lebens meine Instabilität bleiben. Ich schwanke häufig zwischen dem schweren depressiven und dem leichten manischen euphorischen auf und ab in meiner Gefühlswelt. Immer auf der suche nach Balance, die es bei mir nicht zu geben scheint. In Wahrheit und in der Lüge immer seit ich denken kann, lebe ich in diesen Bedingungen die ich zeitlebens nicht steuere oder Steuern kann. Es ist eine Frage die ich mir selbst stelle: Wie kann ich am besten leben in dieser Instabilität? Was anderes tun, als dies offen zu halten für mich und klar zu erkennen geben, das ich gar keine andere Wahl habe, außer ich würde mich verschließen um dem zu entgehen und in anderen viel schlimmeren und gefühllosen Abgründen zu stecken. Zu Verrecken an der Unlust zu leben. Ich glaube nicht, dass das ein besseres oder angenehmeres Leben für mich wäre, denn das hatte ich schon so häufig und bin dabei doch immer wieder gegen die Wand oder fast in meine eigenes Grab gelaufen. Ich denke es ist okay so zu leben: „Paradox ist das nicht, nein paradox ist lediglich, dass ich seit dem ich mich spüre und das auch äußere ein kranker Mensch bin"!

Das lässt mich zwar nicht ganz in Ruhe, doch ich kann zu meinem Glück glauben was ich will und mit dem Denken ist es genauso. Ich kann zwar nicht denken was ich will, aber ich denke einfach was ich denke. Das mag sein, dass ich das nicht verstehe , aber was ich verstehe das ich selbst nicht bestimmen kann, was ich denke. Ich glaube nicht dass das jemand kann, Außer bestimmte Ding in der Konzentration darauf zu verbringen.

Oder aber ist psychische Stabilität was ganz anderes? Vielleicht hat ja nur ein Baby psychische Stabilität. Babys haben es da etwas besser als wir Erwachsenen, die geben sich noch mit den kleinsten Dingen zufrieden. Wohl ernährt mit genug Schlaf und dem dazugehörigen Geschrei macht es den kleinen scheinbar nichts aus wenn die Gefühle so kommen wie sie kommen und ich denke die brauchen auch noch nicht zu denken wie sie sich wohl fühlen und dazu benötigen Babys keine Strategie. Sie fühlen und handeln dementsprechend ohne überhaupt die Gedanken dazu verfassen zu können, in Worte die das widerspiegeln, Fast unglaublich, doch mir scheint es so zu sein. Aber Babys lernen dazu, sie lernen ganz langsam die Bewegungen ihrer Hände und Füße zu beobachten. Sie verfolgen meine Gabel, wenn ich etwas esse. Babys erkennen Menschen und verfolgen sie soweit sie sich in ihrem Wirkungskreis bewegen, aber sie scheinen es sehr tolerant beenden zu können um sich sofort anderes um neue Menschen oder andere Bewegungen zu kümmern. Ich glaube einfach, dass sie nicht denken oder das was sie denken schnellsten in Handlungen umsetzen zu können.

Nun wodurch kommt es zum Bruch und woran wächst das was wir dann psychisch krank nennen? Schwere Frage mit der ich wenig intelligentes anfangen kann. Es macht mich doch etwas verblüfft, denn ich kann doch feststellen, dass ich in den vielen Therapien in denen ich gewesen bin, durch die behandelnden Ärzten bin ich mit verschiedensten Diagnosen belastet worden, die zwar die behandelnden Ärzte nicht viel angeht, aber mich als betroffenen doch dahin bewegen mir   über die Diagnosen ein Bild von dem zu machen was mit mir ist. Das mag zwar Ärzte erschrecken, doch ich habe ja gelernt, dass ich wissen möchte, was mit mir ist.

Ob es da wirklich abschließend Antworten auf diese Frage gibt? Wenn, glaube ich daran es mit Gedanken nicht oder nur sehr unzulänglich beantworten zu können.

Ich glaube hier zu sehen wie schön es ist: selbstlos, gedankenlos in sich selbst versunken, einfach nur da zu sein wo ich gerade bin. Ich glaube hier habe ich es mit dem spirituellen Wert des Lebens, Frieden in und mit mir selbst geschaffen.

Ich habe begriffen, dass ich was fühle, nun endlich gebe ich zu, wie ich mich fühle und da geht das ganze Dilemma erst richtig los. Ich fühle und stehe zu dem was ich fühle. Ich hindere mich nicht mehr daran. Ich bin somit in mir selbst lebendig geworden, aber es gibt da noch was zu schreiben, denn seit ich selbst mit mir bin, gelte ich als krank und die Geschichte nimmt nun seinen Lauf: Ich fühle mich und fühle mich nicht krank. Denn die Gefühle die ich habe können ja schon logischerweise nicht krank sein, da ich sie ja empfinde. Ein heikles Spiel beginnt um die Erkenntnis meiner selbst.

Ich merke, das was ich empfinde, aber muss mit dem zurechtkommen was ich selbst spüre und häufig auch, was ich nach anderen zu spüren hätte. Ein ziemlich schmerzhaftes und paradoxes Spiel nimmt seinen Lauf. Oftmals geht es um Macht und Geld: Der minderwertige spielt sich auf um aus seinem Gefühl der Minderwertigkeit ins Erhabene zu gelangen. Er braucht Bestätigung seines Daseins, das kann er sich selbst nicht geben, da er durch diesen Komplex blockiert ist. Der den er drangsalieren kann, drangsaliert er.

Aber es kommt zu keinem sinnvollen und oder befriedigendem Ergebnis, da er blockiert ist durch sich selbst. Immer neue Methoden und Ideen und Inszenierungen müssen her um selbstsicher zu bleiben. Seine sehr unsichere Art um Selbstsicherheit nach außen vorzugaukeln veranlasst dazu.

Für mich sind das scheußliche Verhaltensweisen, die durch die Erziehung, Schule und Arbeit aus Menschen, computerähnliche Maschinen fabriziert werden, die im Rad der Gesellschaft jeweils einen sozialen Platz einnehmen können und häufig auch einnehmen müssen. Doch was passiert da eigentlich mit diesen Menschen: Ein Mensch ist ja nun mal keine Maschine sondern ein individuelles Geschöpf, welches sich im Grunde genommen nur um sich selbst kümmern muss und kümmert. Geboren um selbstständig zu werden, essen, trinken genügend Schlaf und Vermehrung sind nur ein paar Beispiele. Doch was machen wir denn eigentlich? Wir haben im Laufe der Zeit verlernt uns tatsächlich um uns selbst zu kümmern. Man nennt es dann, dass der Mensch ein soziales Wesen ist. Was aber hat das wieder für Auswirkungen auf uns selbst und schließlich auf die menschliche Natur? Wir entfernen uns von dem was wirklich ist und uns eigentlich antreibt etwas zu tun. Für mich selbst bedeutet dass, das ich mich von meinen eigenen Intuitionen entferne um jemand anderem zu gefallen. Für mich denke ich zudem, das es mit dem Minderwertigkeitskomplex (wir nennen es ja fälschlicher Weise auch Minderwertigkeitsgefühl) zu tun hat. Ich stelle ja darin etwas dar, was mit der Angst zu tun hat, die mir sagt, dass ich alleine mit dem Leben nicht klarkomme und ich darum mit anderen in Kontakt trete um dafür Lösungen zu finden.

Unerklärbare Begriffe um einen einzelnen, nur um das in Gedanken und Vorgehensweisen zu verstecken. Das Geheime am Menschen ist doch nicht das was wir nicht wissen, sondern es ist: Dass wir nichts wirklich klar erkennen können und in der Ansprache reicht unser Wortschatz nicht aus zu erklären warum was so ist, wie es ist. Es ist begrenzt in allen Richtungen und uns obliegt es nicht in die Zukunft zu spekulieren obwohl wir dazu andererseits ganz klar in der Lage sind. Wir müssen uns dazwischen einen eigenen Weg suchen und ihn auch gehen. Nur bleibt ja hier auch wieder fraglich, wie sollen wir einen Weg finden und woran sollen wir einen Weg erkennen können? Ich denke die einzige Möglichkeit besteht darin, dass ich das Erleben erkenne um daraus die Realität für mich selbst zu erschaffen. Ich denke das hört sich sehr schlau an, aber einerseits finde ich es sehr einfach, dazu benötige ich nur das Bewusstsein, dass sämtliche Empfindungen zu mir selbst gehören. Ich darf nicht in meine eigenen Fallen laufen in denen ich nicht bereit bin wirklich auch alle aufkommenden Gefühle für meine eigenen Gefühle zu erkennen. Hierzu gehören natürlich auch die Angst, die Demut und die Hilflosigkeit, welche ich selbst als sehr anstrengend erlebe. Diese Gefühle machen mich oft sehr müde, was sehr wahrscheinlich mit dem langjährigen leugnen dieser Gefühle zusammenhängt. „Schlechte Gefühle wollte ich ja nie haben, obwohl ich sie immer hatte"! Das war sicher der folgenschwere Selbstbetrug den ich mit mir angestellt hatte. Da gehören natürlich auch Gedanken dazu, die es mir manchmal unerträglich erscheinen lassen. Selbstmordgedanken sind in solchen Phasen keine Seltenheit. Es lässt sich aber doch auch regulieren. Zum Beispiel, wenn ich darüber spreche, was natürlich mit dem Menschen stattfinden muss mit dem ich solche Erlebnisse hatte. In meinem Beispiel ist das meine Frau. Mit ihr habe ich Situationen, wo ich meine eigenen Traumata wieder erleben kann und auch erlebe. Es ist überhaupt nicht schön, aber es befreit wenn die Nachwirkung dieser erneut erlebten Traumata nachlassen. Ein kleines Stück des alten Schmerzes scheint sich in wirkliche Gefühle aufzulösen. So gelingt es mir meine eigenen Trotzreaktionen zu erleben und für mich selbst auch anzunehmen, ohne dass ich dazu etwas verändern muss. Besser oder genauso sehr ist ja das zulassen dieses Gefühls eine wirkliche und schöne neue Erfahrung. Darüber gelingt es mir sogar stolz auf mich zu sein und hier kann ich auch sagen, dass ich stolz auf meine Frau bin! Das Wort Mut gefällt mir da nicht so sehr, doch ich finde diese anstrengende Leistung wahrlich sehr erlebnisreich für mich. Im Ergebnis heißt das ja auch alles, dass ich traumatische Erlebnisse immer wieder erlebe durch die Trigger vor denen ich nicht fliehen kann, einfach weil ich nicht weiß wann und wo die Situationen auftreten die mich Triggern. Die Gefühle aus den erlebten Traumata werden durch diese Situationen wieder erlebt und machen die Verhaltensweisen wieder wach. Da ich nicht weiß wann ich und wie häufig ich traumatisiert davon gegangen bin, ist es auch nicht möglich solche Situationen zu meiden. Die Bilder und Alpträume die ich habe treten nach den Triggern verstärkt in meinem Gehirn auf.

Das ist interessant für mich, aber ich denke nicht dass ich eine Möglichkeit habe, das wieder weg zu machen. Ich gehe eher davon aus, das ich mir lediglich bewusst vorstellen kann, dass das so abläuft, zudem kann ich wie in dem beschriebenen Beispiel erkennen wie ich mich heute damit fühle. Alle Versuche Gefühle zu verändern sind bei mir daran gescheitert, dass die Gefühle ihren Platz haben und diesen auch bedingungslos einnehmen! Bei mir scheint das jedenfalls so zu sein.

Die Angst bleibt.
Die Freude bleibt.
Die Traurigkeit bleibt.
Die sexuellen Triebe bleiben.

Angst und nochmal wieder Angst. Die Folgen der Angst sind fast nicht in Worte zu fassen. Doch versuche ich mal meine Ängste die ich erlebe und erlebt habe in vernünftige Worte zu erfassen. Da gibt es erst mal verschiedene Ausdrücke für doch die all gleichen Gefühle. Zum Beispiel: Panik, tiefe Angst, Angstanfälle, Angststörungen, Angstschweiß, beklemmende Angst, unterdrückte Angst, Angst vor der Angst.

Soviel ich weiß gibt es nur drei Möglichkeiten sich mit der Angst auseinanderzusetzen:

1. Flucht
2. Sich der Angst stellen
3. Sich tot stellen

Ich denke, das haben wir aus dem Tierreich übernommen, oder es stellt dar, dass wir uns selbst wie Tiere verhalten.

Sinnvoll sind meines Erachtens alle drei Möglichkeiten mit der Angst fertig zu werden. Allerdings sehe ich auch immense Gefahren in der Möglichkeit der Flucht, denn da ist ja nicht nur die Flucht im Sinne des Wortes durchführbar, sondern auch die Flucht in der Variante, sich vor der eigenen Angst zu verstecken. Das bedeutet ich spüre zuletzt die eigene Angst nicht mehr und versuche davor zu fliehen und suche durch andere Verhaltensweisen keine Angst zu haben. Ich erlebe zwar meine Angst und drücke diese auch aus, doch ist es mir nicht mehr möglich mich dieser Angst zu stellen und somit brauche ich Umwege und andere komplizierte

Verhaltensweisen um überhaupt noch damit leben zu können.

Meine mir bewussten Situationen mit starken Ängsten:

Schlimme Ängste hatte ich in der Zeit erlebt in der ich extrem Alkohol und Drogen konsumiert habe. Ich bin auf der Straße entlanggegangen und jedes mal, wenn mir jemand begegnet ist, habe ich die andere Straßenseite benutzt oder habe mich versteckt.

Als Kind erinnere mich an die Situationen an denen ich abends im Dunkeln nach Hause gegangen bin, dort habe ich hinter Bäumen und Häusern immer gedacht, dass mich dort jemand angreifen und verletzen will.

Ein schrecklicher Traum fällt mir dazu noch ein: Ich lief auf einem Feld mit Hügeln und Gräben die abwechselnd immer wieder aufeinander folgten. Eine große Maschine war dabei, die Gräben mit den Hügeln zu zuschieben. Ich lief voller Angst vor der Maschine weg, denn diese wollte mich mit der Erde in einen der Gräben beerdigen.

Panische Angst hatte ich in meinem kleinen Zimmer. Dort war das Fenster offen und jemand hat mit seiner

Hand durch die Gardine ins Zimmer nach mir gegriffen.

Auf einem LSD Trip bin ich früh morgens zu meinem Elternhaus gegangen, da ich wenn ich ziemlich stark berauscht war, durch den Hintereingang ins Haus gegangen bin, an großen Eichenbäumen vorbeigekommen. Ich stand lange Zeit auf der Straße denn die Bäume versuchten mich mit ihren Ästen und Stämmen zu erwürgen. Sie wanden sich wie Schlangen auf mich zu und ich war starr vor Angst.

Während eines Drogen – und Alkoholentzugs kamen durch die geschlossene Fensterscheibe riesige Motten, die hatten einen Durchmesser von ungefähr dreißig Zentimetern. Ich habe mit denen gekämpft und das komplette Zimmer demoliert. Danach war die Furcht so groß, dass ich nicht mehr in das Zimmer gehen wollte und konnte.

Das sind ein paar Situationen in Angst die mir bewusst im Gedächtnis geblieben sind.

Das ist ja klar und wenn ich das so schreibe merke ich, wie mir die Angst im Hals hoch kriecht, das ist kein Schreck, denn dies ist ja Angst und ich bin froh darüber meine Angst erleben zu können! Wo ich weiter komme zu anderen Ängsten. Ängste die mir selbst nicht klar sind und denen ich während der Traumatisierung ausgesetzt war: „Die sind viel schlimmer denke oder dachte ich mir immer". Obwohl das ja im Grunde genommen nicht stimmen kann, denn Angst ist Angst und wahrscheinlich auch nicht mehr oder weniger. Mein Umgang mit diesen Ängsten ist nur anders, denn die Angst hat mich dazu gebracht, dass ich das nie wieder erleben will! So verlernte ich im Laufe der Zeit mit meinen ich denke auch wichtigem Gefühl der Angst überhaupt umzugehen. Die Angst habe ich nun auch nicht mehr zulassen können. Ich bin lange davon ausgegangen überhaupt keine Angst zu haben! Mit der Folge, dass ich mein Leben so gelebt habe, dass ich gar keine Grenzen habe. Keine einzige und dachte mir ja schließlich immer, dass jedes noch so überfordernde Ziel erreichbar ist. Irrglaube oder Irre? Keine Angst vor den Gefahren zu haben und letzlich nicht mal vor dem Tod! Das ist eine schlimme Erfahrung denke ich mir gerade, schlimm daran ist doch, dass ich ja die anderen Gefühle die ich ja habe, wie Freude, Traurigkeit und Scham auch nicht bewusst erlebe, wenn ich die Angst abspalte. So lebte ich dann ja auch ständig in diesem Drama. Nur da gehe ich wieder weg. Das Thema lautet ja Angst und seine Auswirkungen. Die Frage ist ja dann auch gleich. Wie fühlt sich denn Angst überhaupt an? Muss ich davon Herzrasen bekommen? Muss mir bei einem Schreck fast das Herz stehenbleiben? Reicht es wenn mir die Angst den Hals zuschnürt? Wenn sie sich anfühlt als würde eine Schlange ganz langsam den Hals hoch kriechen.

Die richtige Antwort auf diese Fragen kann ich nicht sagen, denn ich kann lediglich bei mir feststellen wie sich meine Angst anfühlt. Das scheint mir auch mal wieder sehr fraglich zu sein. Denn das müsste sich doch bei jedem Menschen gleich anfühlen? Denn Angst ist Angst! Mir kommt es wirklich seltsam vor, dass so viele behaupten, dass sich Angst bei jedem anders anfühlt. Kann ich mir nicht logisch denken.

Wenn ich von der These ausgehe, dass die Gefühle des Menschen sich bei allen Menschen gleich anfühlen, kann es ja nicht sein, dass wir zur Angst unterschiedlich empfinden! Sicher ist es auch so, dass unterdrückte Angst sich psychosomatisch bei uns Menschen unterschiedlich auswirkt, aber das Gefühl der Angst bleibt trotzdem gleich. Mir stellt sich in dem Zusammenhang dann ja auch eine logische Frage: Wie sollen Psychiater / Psychologen mit Menschen die psychische Probleme haben, arbeiten, wenn die Gefühle des Menschen unterschiedlich sind? Ich denke mir dass das unmöglich ist. Ich kann mir höchstens vorstellen, dass es für bestimmte Therapien, hilfreich sein könnte. Aber das nur so zwischendurch.

Ich komme wieder zu den Ängsten und ihre Auswirkungen. Als Junge habe ich gesagt: Ich habe Angst! Von den Erwachsenen habe ich dann gelernt: „Männer haben keine Angst"! Was sollte ich mit diesem einfach klingenden Satz anfangen. Ich lernte nun also in meiner Kindheit, dass ich keine Angst zu haben habe. Nur wie gehe ich damit um, wenn ich trotzdem Angst habe und dazu noch massiv? Das scheint mir fast wie ein Rätsel und doch wiederum nicht, denn mit meinen Gedanken bin ich ja in der Lage meine Angst nicht nach außen zu zeigen. Ich lerne nun mit meinem Wissen, dass ich Angst unterdrücken kann. Zuerst benehme ich mich darin sehr unbeholfen und schäme mich dafür, dass ich nun ein anderer sein muss, als ich bin. Aber dem zum

Trotz werde ich nach außen hin ein starker „Mann". Dass diese Lebensart sich später seinen Zoll oder Tribut wieder von mir holt, ist mir ja zu dieser Zeit nicht bekannt. Ich habe ja nicht gelernt, dass sich die Seele ihren Tribut holt. Die Angst ist nun unterdrückt und ich überspiele das Gefühl vielleicht mit Albernheit oder mit der Aussprache und dem Verhalten von Stärke. Ich stelle mich stark da und begebe mich dazu in Verhaltensweisen die mich dadurch ständig selbst überfordern. Zum Beispiel gebe ich in der Schule durch aufsässiges Benehmen ein anderes Bild nach außen als ich selbst fühle. Oder ich verrichte Arbeiten denen ich im inneren überhaupt nicht gewachsen bin. Oder ich habe Hobbys die ich praktisch gar nicht bezahlen kann.

Dadurch komme ich natürlich in Situationen die ich nur noch durch Lügen überstehen kann. So denke ich zumindest. Doch in mir selbst spielt sich dadurch ja schon längst verheerendes ab, da ich nicht mehr der bin für wen ich mich ausgebe. Es wird zu einer Schleife des Grauens. Ich fühle Angst und gehe mit der Zeit in eine Verzweiflung die mir sagt, dass etwas nicht stimmt. Ich komme allerdings nicht auf die Idee dass mit mir etwas nicht stimmt. So wird es dann im Laufe der Zeit eine Depression. Die Depression geht nicht weg da ich nicht weiß, dass ich dazu mein Verhalten ändern müsste. Es entwickelt sich ganz langsam aber unaufhörlich eine Katastrophe. Ich kann nicht mehr fühlen, was ich eigentlich fühlen müsste. Die eigenen Empfindungen sind verschüttet unter dem Müll der Lügen und der Falschen Lebensart die ich nach außen abgebe. Ich merke schon, dass dieses Spiel mit und um die Angst katastrophal ist. Meine Handlungen richten sich ja nicht mehr nach der Angst, sondern ich beginne mehr und mehr vor der eigenen Angst zu fliehen. So bekomme ich der Logik folgend „Angst vor der Angst"! Das große Dilemma ist ausgebrochen.

Um das nicht zu spüren beginne ich mich mit Alkohol und anderen Rauschmitteln zu betäuben.

Was hat nun die Angst für Auswirkungen gehabt? Wie soll ich da nur anfangen? Ich muss mir nun was ausdenken. Ausdenken wie sich Angst ausgewirkt hat. In manchen Büchern lese ich, vor lauter Angst werden Menschen zu Mördern und Verbrechern! In anderen Büchern steht, dass sich durch bestimmte

Verhaltensweisen ganz ohne Angst leben lässt. Das sind krasse Gegensätze stelle ich da fest. Mörder oder Verbrecher oder leben ohne Angst.

Brauche ich hier ein Mittelmaß? Was wäre hier das Mittelmaß? Angst zu haben denke ich ist völlig okay! Nur wie viel? Ich merke schon, da ist wieder das was ich immer so erlebe, es bleiben Fragen offen und gar nicht so wenige.

Erörtern welche Auswirkungen die Angst hat.

Da geh ich von dem aus was ich darüber gehört und gelesen habe. Ich denke bei mir selbst ist es lange so gewesen dass ich meine Ängste unterdrückt habe. Die Folgen davon waren, dass ich mich nicht mehr freuen konnte und auch nicht angemessen traurig sein konnte. In meinen Handlungen bin ich oft zu weit gegangen. Da ich keine Grenzen spürte, war ich selbstverständlich auch nicht in der Lage Grenzen zu setzen. So habe ich zum Beispiel gearbeitet so viel und so lange es geht. Ein wenig vernünftiger ausgedrückt habe ich mich überfordert. Nicht nur im Sinne von positiv und negativ. Nein! Exzessiv, bedeutet ja auch, entweder keine Grenzen im positiven und keine Grenzen im negativen! Ich denke, dass sind grob beschrieben die Auswirkungen meiner unterdrückten Ängste. In der Theorie behaupte ich, das meine Bipolarität (manisch – depressiv) auch auf ähnliche Weise entstanden ist.

Was erwarte ich noch von meinem Leben?

Eine merkwürdige Frage die aber Sinn macht und mir auch unmissverständlich erklären kann, wie es darum steht, wie ich das Begreifen kann, was ich wirklich noch zu erwarten habe....

Natürlich ist das ja auch eine sehr schwere Frage und ob es darauf überhaupt eine Antwort gibt ist ja wiederum auch fraglich. Fange ich also damit an, dass ich in der Gegenwart lebe. Welche Erwartungen habe ich von der Gegenwart? Ich bin nun also hier und sitze an meinem Schreibtisch und lasse meine Finger über die Tastatur gleiten. Ich konzentriere mich darauf, dass ich die richtigen Buchstaben eintippe. Mit den Augen verfolge ich die Finger. Zwischendurch lese ich das was ich geschrieben habe.

Mein rechtes Bein ist über das linke Bein geschlagen, das linke Bein schläft langsam ein. „Durchblutungsstörungen"! Ich ändere meine Sitzposition, doch dazu muss ich erst mal meine Konzentration darauf lenken. Die Sitzposition habe ich nun geändert und es dauerte vielleicht fünf Sekunden bis ich mich wieder an den Schreibrhytmus gewöhnt habe. Nur was hat das alles mit dem zu tun, was ich von meinem Leben noch erwarte? Wenn ich mir also bewusst mache, das ich im „hier und jetzt" leben möchte, wird es schon ziemlich wenig, was ich überhaupt zu erwarten habe. Es lässt sich fast gar nicht ausdrücken, die Arbeit die ich mit mir habe, allein schon wenn ich nur schreibe nimmt mich dazu völlig ein. Ich bin also nun auf das konzentriert was ich hier schreibe! Da ist gar kein Raum mehr dafür da, was ich sonst noch tun könnte.

Oder ist das vollkommener Schwachsinn, was ich zu dem Thema weiß? Aber ich denke auch nicht, dass mich das einschränkt oder dass ich mich dabei blockiere. Denn ich fühle mich ja so auch ziemlich. Ich merke wie ich auf dem

Stuhl sitze, wo die Muskeln angespannt sind, ich denke darüber, was ich schreibe, im Bauch fühlt es sich kuschelig an, etwas durstig bin ich, das stört und lässt sich verändern. Ich gehe was trinken. Aber was soll ich trinken? Eine Tasse Kaffee vielleicht, wäre jetzt doch schön.

Das Thema ist ja schwierig, denn im hier und jetzt habe ich scheinbar gar keine Erwartungen an mein Leben. Oder aber ich muss damit beginnen, mir persönlich welche auszudenken. Darin war ich doch schon mein ganzes Leben stark. Nun denke ich mir also Dinge aus die ich erwarte. Ich erwarte von meinem Leben dass es so weiter geht ohne dass ich etwas dazu tun muss? Ich denke das ist falsch, denn eine Erwartung ist doch etwas, was auf jeden Fall in die Zukunft gerichtet ist und nach meiner Erfahrung ist die Zukunft nicht absehbar. Eine komplizierte Geschichte, oder? Nehme ich an, dass die Zukunft nicht absehbar ist, muss ich ja fast gezwungener Maßen denken, dass meine Erwartungen letztendlich nur Träume oder Gedanken sind. Pläne die ich schmiede um daraus zu profitieren. Das heißt erfolgreich zu sein. Ob das dann wirklich zu einem zufriedenen Leben führt?

Das verwirrt doch wirklich nur meinen Kopf. Ob es soweit kommt, dass ich meine Erwartungen planen muss?

Dazu kommen die Abhängigkeiten vom Geld, von dem was ich wirklich habe, darauf kann ich bauen und planen, aber nur solange wie nichts dazwischen kommt. Keine unerwarteten Ausgaben.

Nun also gelange ich nach diesen Überlegungen dahin, dass ich erwarte, dass alles so bleibt wie es ist.

Fast gebe ich hier nun schon auf, das scheint mir viel zu kompliziert zu sein mit den Erwartungen. Dann auch noch für das ganze Leben, wo ich nicht mal weiß was morgen ist oder in fünf Minuten. Sehr wahrscheinlich ist es auch fast unmöglich klar zustellen, was ein Mensch von seinem Leben zu erwarten hat.

Biologisch oder besser natürlich scheint mir die Sache etwas einfacher, denn da wird es auch klarer. Ich brauche da nur hinzugehen und sehen wie ich Tag um Tag länger auf dieser Erde lebe. Mich mit dem anfreunde, dass Erwartungen nur von Menschen ausgedachte Ideen sind um ein vorbestimmtes System einzuhalten und bestimmte Ziele zu verfolgen . Das verblüfft natürlich und mir wird daraus klar, dass es wohl völliger Unsinn ist und nur den Zweck erfüllen soll. So scheint es zu sein und ich komme dazu, dass ich von meinem Leben gar nichts zu erwarten habe. Ich mir wiedermal ansehen kann, wie sehr der Mensch doch von dem beeinflusst ist, was andere erwarten und wollen. Ideen haben sich zu dem entwickelt was hier abläuft.

Die einzigen Werte die wirklich wahr sind, liegen ganz in Dir selbst. Eine seltsame Denkweise um meine Existenz gibt mir ein Zeichen von meiner Art zu sein, einzig so wie ich bin. Ich habe da keine andere Wahl mehr, da ich mir nicht aussuchen kann, was ich will und was ich sein möchte, sondern ich gebe mir die Gelassenheit so zu sein, wie ich bin. Ich fühle mich vielleicht schrecklich, doch ich empfinde die Schrecklichkeit nicht in der Bewertung des schrecklichen wieder, sondern habe die Möglichkeit es so zu lassen und begeistere mich dafür, dass es so ist und brauche nichts zum Verändern. Keine Lust mehr die Gefühle dahin zu ändern, dass ich sie wieder bewerte, in Gute und in Schlechte Gefühle. „ Die anderen geben mir darauf ständig einen Rat", einen Rat der nur sie selbst bestätigt um nicht zu spüren, dass ihr Leben so in sich selbst lebt, wie es ist. Der Rat ist nicht das Weise aus dem anderen, sondern nur ein haltloser Wunsch was zu geben was es nicht gibt.

Warum machen denn Menschen sonst so etwas? Warum frage ich denn andere wie es Ihnen geht? Wo steht denn für diese Frage eine Antwort?

Die Antworten haben doch die gleichen Inhalte: Gut oder schlecht, oder es geht so oder es geht nicht so. Oder ich antworte vielleicht noch mit Gefühlsausdrücken, wie ich bin traurig oder ich freue mich oder ich habe Angst oder ich bin glücklich oder verzweifelt. So denke ich geben wir wieder, wie es uns geht.

Die Antworten sind meistens sehr spärlich.

Gänzlich kommt aber nicht durch die Worte das aus uns heraus was wir fühlen, das Fühlen hängt mit anderen Mechanismen zusammen und trägt anders zu der Unterhaltung bei.

Wenn ich mich eindeutig damit identifiziere, dass ich alles was ich erlebt habe, heute: Besser noch im „Hier und Jetzt" erfassen will, muss ich mich doch konzentrieren auf das was ich überhaupt noch erfassen kann. Ich stelle für mich selbst, nicht beschämend und auch nicht traurig fest, dass mir meine Erinnerungen nur Bruchstückhaft gelingen. Es sind schließlich nur Bruchstücke oder Momente die mir wieder einfallen. Niemals wird es so sein, dass ich alles was ich erlebt habe erfassen kann! So bleibe ich da fern und sehe zu, wie unvollkommen das Denken in der Vergangenheit ist. Das heißt nicht, dass ich mich selbst unvollkommen wahrnehme. Nein auch das kann ich ausschließen, da es mir gelingt mich selbst umfassend zu betrachten: Als „Einheit", nicht als Teile meiner eigenen Person. Nicht in der Trennung zwischen Körper, Geist und Seele! Diese drei völlig unterschiedlichen Eigenschaften stellen mich letztlich dar und ich erkenne mit dem Geist und lerne Bezug zu nehmen auf dass, was mich wesentlich macht. Ich brauche keine bestimmte Darstellung meiner selbst und mir gelingt in der Einheit der Zusammenschluss und die Freiheit des undenkbar absoluten durch zunehmende Gelassenheit. Im Jetzt.

Ohne die Trennung von Körper Geist und Seele fließt ein Strom in mir den ich mit dem Wort "Leben" beschreiben kann und ich nehme in mir die Bewegungen meiner Finger auf der Tastatur wahr, spüre wie sich Worte in meinem Geist zusammenschließen und merke die Beine die locker auf dem Teppich stehen. Merke die Anspannungen der Arme und so weiter.

Aber wo will ich weiter schreiben an dieser Stelle und an diesem Ort. Ich brauche nicht aufblühen in Veränderungen meines Verhaltens. Ich brauche mich nicht quälen mit den Phrasen der frühkindlichen Störungen. Mit den traumatischen Erlebnissen und Bildern aus der Kindheit, wenn mir klar ist, dass ich allumfassend sowie so nicht denken und fühlen kann. Ich kann nur sehen, dass ich in der Lage bin, mit diesen Wirrnissen um mein menschliches Dasein ein Bild behalte was mir in jeder Lage darstellt, wo ich ganzheitlich bin. Unklare Ereignisse lassen sich aufklären durch den Mut, die eigene Wahrheit zu erzählen, so weit ich es zulassen kann und wie weit ich überhaupt in der Lage bin, das selbst zu erkennen. Dazu benötige ich keinen Schöpfer und auch keinen Gott. Denn ich meine ein Tier zu sein und komme daher und habe gelernt dass ich denken kann, wer oder was ich bin. Gehe ich nun schließlich davon aus, dass ich genauso ein Tier bin wie alle anderen Tiere, was bedarf dann mein eigenes Denken noch um mir zu zeigen was anderes zu sein? Ich finde all das was wir Menschen lernen soll uns den Unterschied zwischen Mensch und Tier deutlich machen. Im engeren Sinne ist es äußerst unwahrscheinlich, dass wir anders sind als Tiere! Es zeigt sich schließlich auch in den Verhaltensweisen die wir Menschen versuchen zu leben. Wir bauen Häuser, wir haben Berufe, wir haben uns industrialisiert und denken, dass das unser Leben bereichert oder es wirft uns in ein Licht neben allen anderen Tieren. Nur was soll denn der Unterschied sein? Mit was können wir wirklich den Beweis antreten etwas zu sein, was Tiere nicht haben? Nicht einmal in der Forschung gelingt es, mehr Gene bei uns Menschen zu finden als bei Affen. Ich denke wir haben ein großes Problem damit, dass wir verlernen durch das Denken unsere tatsächlichen Verhalten auch zu leben. Wir lernen zu Leben in verschiedenen Gesellschaftsformen und Glaubensideen. Wir lernen uns von der Natur abzuwenden. Wir lernen nur nach unserem Denken, nach der Erziehung zu bestimmten sozialen Wesen zu werden. Aber wir bekommen daraus keine Antwort darauf, was wir wirklich sind? Wir suchen uns Sinn in Verhalten oder in verschiedenen Arbeiten. Wir kleiden uns zu bestimmten Anlässen mit anderer Kleidung. Wir vergessen, das wir uns nur herausputzen müssen, wenn wir zur Balz von einem gegengeschlechtlichem Menschen dazu verführt werden. Wir nutzen Kleidung um uns zu präsentieren oder darzustellen. Parfüm um unseren eigenen Geruch nicht zu riechen. Wir verwechseln die Realität mit der Suche nach Macht und Geld. Ich denke nicht dass der Mensch armselig ist. Denn jeder von uns weiß doch wie es ihm selbst geht. Was wirklich notwendig ist zum leben und zum überleben. Aber was macht der Mensch daraus? Eine Frage folgt den anderen Fragen, aber wir entwickeln uns anders, ganz anders als wir uns entwickeln könnten. Doch was heißt das überhaupt? Wir entwickeln uns. Wir entstehen aus der Befruchtung des weiblichen Eis durch den männlichen Samen. Wir sind Säugetiere, denn unsere Babys werden an der Brust der Frau ernährt. Soweit bleiben wir natürlich, wenn das überhaupt so stimmt, denn viele Frauen wollen ihre Kinder nicht mehr stillen.

Unsere Entwicklung geht nun vorwärts, vorwärts und immer besser als die eigenen Eltern es gemacht haben!

Wir versuchen unsere Kinder in ihrer Unbefangenheit zu sehen. Aber gelingt uns das überhaupt noch? Sind wir dazu grundsätzlich überhaupt noch in der Lage? Selbst gebogen zu einem angepassten System von sozialer Anpassung und Struktur, der jeweiligen Gesellschaft. Ich denke mit Wehmut, denn hier wird es ja schon ungemütlich genug. Gelernt um eine vorbestimmte Lebensart zu erzielen? Geprägt durch Erziehung in der Schule und später im Beruf. Verkümmert im Instinkt, in der natürlichen Unbefangenheit lebte ich mein Leben weiter. Grenzen wurden mir gesteckt und nicht erklärt, was das Ergebnis daraus ist? Vollkommenheit oder ist es Unvollkommenheit? Die Antwort darauf erkläre ich mir durch meine häufigen Versuche vor diesen Systemen zu fliehen. Zwar hat sich viel später gezeigt, dass ich vielleicht Irrwege gegangen bin um dem System zu entkommen. Versucht habe ich es trotzdem und ich denke, dass es auch ein sehr angenehmer Weg geworden ist. Ich habe einiges Erfahren in meinem Leben, einiges über mich und andere Menschen. Gelernt und erkannt, dass ich hier in dieser Welt nur einen Platz finden kann, wenn ich mich gewissen Strukturen anpasse, das ist mir allerdings viel zu einfach. Ich fange sofort an mich zu wehren wenn ich spüre, dass ich selbst durch die Anpassung in ein Minderwertigkeitsgefühl gerate. Denn der oder die, die mich anpassen wollten sind ja Menschen, die selbst wieder bestimmte Normen und Regelwerke verfolgen! Das muss mich doch verblüffen, denn als Mensch sage ich mir doch: „Alle Menschen sind gleich"! Dort nun sollte es keine unterschiedlichen Werte geben. Aber das ist mal wieder weit gefehlt, viele Menschen stehen auf einem Sockel. Ein Sockel der Macht und wehe jemand will an dieser Macht rückeln, beziehungsweise den Sockel abkratzen. Der jenige, wird mit der Macht konfrontiert und spürt letztendlich nur die Angst dessen, der auf dem Sockel steht. Völlig unproduktiv werden Dinge verlangt, die ihn wieder auf den Sockel stellen sollen.

Nun sind das ziemlich große und oft auch schwierige Themen, denen ich alleine nur wenig entgegensetzen kann und will. Das ist zu viel für mich in meiner eigenen nur mich selbst umfassenden Welt. Das wäre so dann die Ansicht als könnte ich selbst daran großartiges verändern und ich müsste lernen mich selbst zu vergessen. Nicht mehr achtsam sein in den Schritten die ich selbst mache. Andererseits wäre es ja eine Flucht in ein Leben was ich gar nicht für sinnvoll erachte und ich denke ich würde im Ergebnis auch nichts wünschenswertes erleben. Nun also komme ich zurück zu mir selbst und da gebe ich mich damit zufrieden, wie es ist und nicht wie es sein könnte. Ich finde mich wieder und stelle zudem ja auch sofort wieder fest wie unzulänglich oder wie sehr gedemütigt ich von mir und meinem eigenen Verhalten bin. Ich habe nun also insgesamt zwölf verschiedene Therapien hinter mir. Hilfreiche Therapien und auch katastrophale Therapien. Aber im Endeffekt denke ich mir, das ich in den ganzen Therapien doch auch nur vorbestimmte gelernte Ideen um ein „Leben" suggeriert bekommen habe. Das stimmt mich in meiner heutigen Denkweise nicht mal traurig, denn mir wurde dadurch ja auch deutlich, dass Therapien zum einen ein Mittel sind um Geld zu verdienen und zum anderen ein Mittel um gelerntes Wissen zu suggerieren. Meine Frage bleibt nun jedenfalls bestehen: Wem bringt welche Therapie was? Da der Therapeut / tin immer in der Position des nicht betroffenen bleibt erklärt sich ja auch fast von alleine, dass der Therapeut/tin immer in der Position bleibt, die ihn nicht betrifft. Ob das wieder der schon angesprochene Sockel ist? Der Betroffene ist nicht der Helfende. Ein System was dem Betroffenen letztendlich nicht weiterbringt.

Nur was schreibe ich da, ist das ein Armutszeugnis der Therapie oder ist es mein Versuch klarzustellen, das ich nicht in solch ein System möchte? Für mich ist dass ich nicht in solch ein System möchte die richtige Antwort. Denn mit mir bleibe ich sowieso alleine. Mit dem Therapeuten / tin habe ich nur solange zu tun bis die Maßnahme nicht mehr bezahlt wird. Danach verläuft sich das in aller Winde. Da bleiben Fragen offen, viele und unerklärliche Fragen. Warum ist es so, das ich mich auch in der Therapie nur durch Anpassung an den Therapeuten / tin verstehen kann? Gehe ich dort meine eigenen Wege und versuche diese auch durchzusetzen, dann bleibt nur übrig, dass der Therapeut / tin nicht mit mir arbeiten kann. Denn auch hier ist es so wie überall in Systemen, das ich nur solange mitmache, wie ich in dem System konform laufe!

Letztendlich lande ich in einer hoffnungslosen Situation .

Hoffnungslos ist sie deswegen, weil ich selbst hier gar nicht zu dem komme, was mich wirklich beschäftigt und ich spüre eine unzulängliche Hilfestellung.

Für mich ist das deutlich! Ich habe ein Buch gelesen von Dr. Peter Levin, dort wird auch ziemlich klar ausgedrückt, dass wir uns immer in den Grenzen bewegen, die mit dem Verstand zu fassen sind. Obwohl wir in der Einheit nicht nur Verstand haben, sonder auch noch Gefühl und Körper! Wo bleiben wir als Mensch in dieser unzulänglichen Sprache? Die Frage was ist überhaupt ein Gefühl ist ja allumfassend überhaupt nicht geklärt. Was wirklich passiert wenn ich Traurigkeit, Freude, Angst, Scham fühle, kann mir denke ich niemand beantworten. Aber mir ist ja klar, das ich das Fühlen kann. Irgendwie bleibt mir ja auch die Spucke weg, wenn ich selbst beginne darüber nachzudenken. Nicht weil ich bereits 12 Therapien gemacht habe und doch im engen Sinne auf nicht genau zu interpretierende Zustände hin behandelt worden bin. Ich muss nun ja auch zudem noch feststellen, wofür wir uns als Menschen faszinieren lassen, ist gar nicht das was wir umfassend können und Wissen. Irgendwie ist das erschreckend, aber es scheint ja so zu sein. Aber was bedeutet das denn nun wirklich für mich und mein eigenes Leben, wenn mir niemand wirklich sagen kann, wie es wirklich ist? Sollte ich da nun verrückt werden oder sogar schon sein? Habe ich einen Weg der aus diesem Nadelöhr in ein schönes oder in ein passendes, vernünftiges Leben führt? Was kann ich selbst denn nun überhaupt noch dafür tun, dass ich mich verändere oder dass mein Verhalten wirklich dem menschlichen Wesen entspricht? Ich finde hier ist keine Grenze erreicht, denn ich denke unsere Gedanken sind nicht zu erschöpfen, aber ich denke auch dass sie nicht geeignet sind uns unser Wesen zu erklären. Das bringt zwar Ruhe und Gelassenheit, aber es erschöpft mich weiter zu forschen an Dingen ob in der Gegenwart, der Zukunft oder der Vergangenheit.

Nun bin ich wieder da wo mich meine eigenen Depressionen quälen um ein anderes Leben zu führen als das was ich mir selbst aufgebaut habe. Nur was bleibt mir übrig, doch nur das was ich selbst denke und fühle. Die letzten Tage ist das völlig abwesend von dem was ich tun möchte, mich aber daran hindere weil es nicht funktionieren will mit dem Wunsch nach einem bewussten auf das wesentliche konzentrierte Leben zu trachten. Es sind nun die Defizite die mich quälend auf mich schauen lassen, manche sprechen auch von Sehnsüchten. Nur wonach sehnt sich ein Mensch wie ich es nun mal bin denn wirklich? Sehne ich mich nach dem was mir mein Leben bringen sollte und in Disziplin auch bringen könnte, oder ist es die Vergangenheit in denen ich Bilder entwickelt habe die mir zeigen wie wunderbar es sein könnte. Sind es die Träume und Vorstellungen davon wie es aussieht, ich meine so alles um mich herum. Ist es die Abgeschiedenheit von anderen Menschen, die mir vielleicht sogar helfen wollen bei einer Lebensart die im Ergebnis dann nur wieder ihre eigenen Werte und Normen bestätigen soll? Das alles verwirrt und es trifft nicht zu, denn das Denken geht immer weiter und kommt an meine eigenen Blockaden und Grenzen, die mich hinhalten und keine Veränderung zulassen. Die Gewohnheiten nicht ungewohnt werden lassen. Ein verwirrendes scheinbar endloses Spiel mit und um mein eigenes Leben hat hier begonnen.

Ich stelle einfach nur fest dass es auch so mal wieder nicht weitergeht. Also scheinen doch Veränderungen erforderlich zu sein, dass es weiter geht. Aber wie wird es sein, wenn ich wieder einen Entschluss fasse etwas zu verändern? Was treibt mich überhaupt dahin, dass es ohne Veränderung von Gewohnheiten nicht weitergeht obwohl es immer und unaufhörlich weitergeht? Es bleiben Fragen, wirklich so viele, dass es mir scheint als gäbe es nur noch Fragen und überhaupt keine Antworten. Mir macht das wirklich zu schaffen aber was zu tun ist, kann ich mir selbst häufig nicht beantworten. Ist es wirklich das Leben? Fragen ohne Antworten zu haben und weiter nichts. Ist das überhaupt so viel Wert, dass ich mir darüber den Kopf zerbreche? Wo kommen die vielen Fragen denn her? Nicht einmal das kann ich mir konkret beantworten, doch da sind sie nun mal und lassen sich ja auch nicht einfach ignorieren . Das wäre auch ja ein falscher Ansatz um mit mir in Einklang zu kommen. So nehme ich die Welt und die fragliche Welt wahr und ich lasse daran auch keinen Zweifel mehr aufkommen. Die vielen Ziele die ich mir in meinem Leben schon gesteckt hatte, habe ich mit Anstrengung und auch oftmals Überanstrengung erreicht. Da gab es Antworten auf ein bestimmtes Ziel, aber es langweilt mich, wenn ich darüber nachdenke, mir wieder neue Ziele zu stecken . Das bringt nicht dass ein, was ich dafür ausgebe. Der Moment, wenn ich ein Ziel erreicht habe, verpufft so schnell wie der Moment dauert. Das ist schon interessant und im Gefühl kann ich sehen wie gelassen es macht, das zu erkennen.

Irgendwie war ich schon mein ganze Leben ein Querulant, einer der sich nicht anpassen wollte an das was mir vorgegeben wurde. Immer so am Rande von dem was die Menschen hier so in dem gesellschaftlichen Leben wollen. Da ist schon der eine Punkt. Wollen was die anderen wollen, gleich halten um irgendwo dazu zu gehören. Nie verstanden hatte ich auch bis heute nicht, wozu die Menschen gehören wollen oder auch nicht wozu ich gehören will. Was ist das nur, wenn ich dazu gehören will? Ist es die Einsamkeit? Ist es der Wunsch wichtig für andere zu sein? Oder ist es das Verlangen nach der eigenen Natürlichkeit, nach den Trieben die den Tieren gleich ist? Diese Sehnsucht, doch verzweifelt nach dem zu suchen was ich selbst für ein wildes Tier bin? Mir gefällt dieser Gedanke am besten . Ein wildes Tier zu sein und die Triebe und die Aggressionen auszuleben. Es verblüfft mich überhaupt so zu versuchen die Abhängigkeiten zu verlassen. Das ist auch keine Gabe oder irgend so ein mystischer Mist. Der Glaube ist auch nicht der Wunsch oder das Erleben von einem Leben nach dem Tod. Es ist vielleicht so etwas wie die Hingabe der eigenen Person in die Freiheit der Gefühle und Gedanken? Fressen und gefressen werden hört sich doch kräftig an. Wenn Du mir böses antust so werde ich mich wehren, ich werde versuchen Dich im Geiste auszumerzen. Beruhigend wirken diese Gedanken und Sätze auf mich. Das Tier in mir ist nicht tot. Ich denke auch das es in der ganzen Welt nicht tot ist. Überall Kriege oder Kämpfe um Glauben und um Geld und um Arbeit. Jeder will essen und trinken. Jeder will sich vermehren, jeder will Sieger sein in der gesellschaftlichen Liga. Jeder strebt nach einer höheren Position im Arbeitsleben, jeder Sport macht nur den Sieger, den Menschen an der ersten Stelle den Hof. Jedes Land hat einen König, oder Präsidenten oder einen Führer. Immer und überall begegnet man dem mit der höchsten Position, dem Abgott oder der Göttin. Einer jagt den anderen, niemand will aufgeben. Niemand kann das Versagen aushalten oder in der darauf folgenden Position leben. Kampf ums Beste und um das Erste. Kampf der Tiere. Keiner will verlieren und lauert nur darauf das Rudel anzuführen. Auch um das weibliche Tier zu besitzen, ihm seine Kraft durch den Samen zu geben und zu brüllen, wenn es gelungen ist. Ich habe das Gefühl es ist so hier in dieser Welt. Alles schreit nach Frieden und will nicht verstehen, dass der Frieden auch Krieg bedeutet! Kampf um Plätze und Reviere, Kampf um die Lust sich zu vermehren, Kampf um das Essen und das Trinken. Seltsame Gedanken aber das Gefühl gibt mir das Recht so zu denken. Ich bin sogar hin und weg davon.

Die Mutter allen Lebens ist die Erde, doch nicht allein die Erde macht es möglich zu leben. Wir brauchen dazu noch das Universum in dem die Bedingungen für Leben zusammengehalten werden. Da ist die Luft, die wir zum atmen brauchen. Da gibt es die Sonne und andere Planeten, die unser Leben ermöglichen. Dann auf der Erde selbst, gibt es Wasser und fruchtbaren Boden auf dem unglaublich viele Pflanzen und Tiere leben können. Sind das schon die Bedingungen oder gibt es da noch mehr? Zum überleben benötigen wir weiter Essen und Trinken. Wir benutzen die Rohstoffe der Erde um damit ein Leben auf der Erde zu sichern oder ist es eher so, dass wir die Erde ausbeuten um unsere eigene Grundlage zu zerstören? Menschen gibt es bestimmt ziemlich viele und in den sogenannten Entwicklungsländern werden auch wesentlich mehr Menschen geboren als in den Industriestaaten. Das scheint mir eine interessante Entwicklung zu sein. Ist es vielleicht so, dass wir aus Angst nicht zu überleben mehr Nachkommen produzieren wie es bei manchen anderen Lebewesen ja auch nachgewiesen ist? Versuchen diese Menschen ihre Anteile am lebendigen zu erhalten? Ich denke richtig erwiesen ist das bestimmt nicht. Wir haben uns nun also entwickelt im Laufe von tausenden von Jahren. Vom Affen über die Neandertaler hin zum heutigen Menschen. (Ob das wirklich so ist kann ich selbst nicht sagen. Ich habe mal irgendwann gehört, dass unser Planet nicht aus verschiedenen Kontinenten bestanden haben soll, sondern das es mehr oder weniger nur ein großer Kontinent war. Andererseits habe ich gehört, das die Gattung Mensch sich von einem Kontinent zum anderen ausgebreitet hat.) Irgendwann ist es dann so gekommen, dass Menschen der Auffassung waren, dass sie anders sind als Tiere! Die Unterscheidung soll darin liegen dass Menschen durch das Denken anders handeln als Tiere. Ich finde das ist ziemlich achtlos der Natur gegenüber, da mit diesem erhabenen Denken auch einher gegangen ist, dass wir unsere eigene Natur und unsere Instinkte stark vernachlässigt haben. Es mag nicht stimmen, aber der Irrglaube wir seien anders als Tiere lenkt uns vom eigentlichen Wesen der menschlichen Natur als Tier ab. Damit verstehe ich mich als Tiermensch, denn für mich selbst habe ich festgestellt, dass wir beim annehmen des eigenen Instinktes, viel besser mit uns selbst auskommen und leben können. Wenn ich also einfach annehme auch ein Tier zu sein, erlebe ich dabei, dass mir sehr deutlich wird, dass ich mich von Tieren unterscheide. Wir behaupten zwar, dass wir als Mensch besser leben als Tiere, aber wissen tun wir das ebenfalls nicht. Gehirne von vielen Tieren sind größer als das Gehirn des Menschen und trotzdem bleiben diese Wesen zum Beispiel lieber im Urwald als in einer großen Stadt. Wissen wir denn überhaupt ob es in der Stadt besser ist als im Urwald? Die Zeit der psychischen Erkrankungen ist ja in der letzten Zeit enorm angestiegen! Ist das nicht schon ein deutliches Zeichen dafür, dass wir Menschen, so wir Leben verstehen wollen, völlig auf dem Holzweg sind? Krankheit, Hunger und Zerstörung unserer eigenen Erde um uns selbst auszurotten ist die größte Leistung die wir Menschen erbringen. Ich kenne kein anderes Tier was so leblos mit der Natur umgeht als wir Menschen. Trotzdem möchten wir was sein was auch noch besser sein soll als das Leben der anderen Geschöpfe auf dieser kleinen Welt.

Änderungen in meinem Leben entstehen ja nur dann, wenn ich verstehe und emotional zusätzlich klar ist, dass ich mit dem was ich dazu meine im Recht bin, zudem muss ich den Mut aufbringen, meine Ängste soweit in den Zusammenhang zu bringen, dass ich deutlich spüren kann, was mir den Vorteil der freien Entscheidung einbringt. Mit anderen Worten gesprochen bin ich in einer Gruppe, nur ein Mitglied dieser Gruppe, so dass ich spüren kann, welche Anteile in der Gruppendynamik meine eigenen Anteile sind oder welche einem anderen der Gruppe gehören. Das gelingt mir allerdings nur wenn ich eine längere Zeit Situationen und Verhaltensweisen anderer in der Gruppe beobachte. Mir die eigenen Ängste klar mache um dann die oben beschriebenen Zwänge zu erkennen und diese zu verändern. Ich empfinde dort in der eigenen Vorgehensweise Wege mich mit mir selbst zu identifizieren um nicht abhängig zu bleiben von den Verhaltensweisen anderer Gruppenmitglieder. Diese Erkenntnis bringt mir die Freiheit wieder selbst zu entscheiden und vor allen Dingen selbst zu empfinden und meine eigenen Gefühle da einzuordnen das sie auf jeden Fall richtig sind. Ich denke das macht mich frei von Angst, deren Auslöser häufig die Suggestion eines anderen ist.

Zusätzlich gelingt es dadurch die Dinge auf den Punkt zu bringen, sie abschließend tatsächlich im eigenen Sinn zu verstehen und diese dann auch deutlich und klar zu äußern. Sätze aussprechen die den gefühlten Tatsachen sehr nahe kommen und in einer offenen Art auch verständlich an andere herangetragen werden und logischerweise auch verstanden werden. Ich denke das ist eine ziemlich komplexe Angelegenheit. Dazu versuche ich ein verständliches Beispiel aufzuschreiben:

In einer Gruppe in der ich als Mitarbeiter beschäftigt bin ist ein Gruppenleiter der seine Position und Macht gegen die Mitarbeiter der Gruppe ausspielt. Das geschieht zum Beispiel so, dass er schwache Punkte der Mitarbeiter sucht um diese dann damit zu verletzen ohne den Mitarbeiter zu respektieren. Bei den anderen Mitarbeitern löst dieses Verhalten Angst aus, so dass kaum jemand das eigene Befinden ausspricht um nicht selbst damit verletzt zu werden.

Im Unternehmen selbst ist dieses Verhalten des Gruppenleiters bekannt und schon des öfteren war die Rede davon, dass der Gruppenleiter für seinen eigenen Job die notwendige pädagogische Arbeit nicht leisten kann, weil er selbst in einem deutlich spürbar desaströsen emotionalen Zustand ist. Sprich er stellt sich auf einen Sockel und ist damit für andere nicht erreichbar. Aus dieser hohen Position heraus hat er im Laufe der Zeit die Hierarchie in dem Unternehmen durch gezieltes aber letztlich nur auf sein Verhalten hin abgestimmt, verarscht. Schlussendlich tanzt er der Geschäftsleitung auf der Nase herum. Alles auf Kosten der Mitarbeiter!

Frühkindliche Störungen

Ich denke davon habe ich genug. Sicher kann ich

beschreiben wie es gewesen ist. Mir fehlen aber viele Erinnerungen die heute noch emotionale frühkindliche Störungen darstellen. In meinem Erleben habe ich nicht mal die geringste Chance mir daraus einen Reim zu machen, denn mein Fühlen läuft häufig unbewusst ab und lässt nicht zu dahinterzukommen woher es kommt. Schwere Zusammenhänge erlebe ich immer wieder und es führt zurück auf meine eigene Kindheit und meine Mutter oder meinen Vater. Die beiden leben nicht mehr und die Kommunikation mit beiden ist ausgeschlossen. Was mir bleibt sind eigene Erinnerungen die wenn sie auftreten mit traumatischen Bildern in Zusammenhang stehen. Nichts ist verschwunden. Manches ist mein ständiger Begleiter und scheint sich nicht lösen zu lassen. Nur Verzweifelt darüber das ich in Beziehungsproblemen gerade mit meinen Frauen immer wieder dahingerate, dass ich mich selbst als lebensunwürdig einschätze. Eine große Angst spielt in dem Karussell ähnlichem Denken eine Hauptrolle. Es führt mich in die Suizidalität. Ich bekomme Selbstmordgedanken und setze diese zur Zeit allerdings nicht um. Ob das ein Fortschritt gegenüber den Jahren 2005 – 2008 ist, kann ich nicht einmal genau sagen.

Doch nach einer gewissen Zeit die ich nach meiner eigenen Einschätzung in diesen Phasen der Manie stecke fallen mir viele Dinge sehr schwer, es scheint mir nicht mehr möglich zu sein, mich in der Realität realistisch einzuschätzen. Mir gelingt vieles aber in Wahrheit gelingt mir nichts mehr. Ich kann kaum einen klaren Satz zu Ende denken, noch sehe ich mich in der Lage etwas vernünftig einzuschätzen. Ich bin zwar ansprechbar doch verdrehe ich das was mir gesagt wird in ein nur selbstgefälliges völlig abstruses falsches Bild. Erinnerungen gehen zurück zu meinem Mutter – Kind Verhältnis, ich sehe Bilder aus der Kindheit die ich aber nicht regulär beschreiben kann. Im weiteren Verlauf wird es eher immer schwieriger und ich gelange dahin das ich nur noch in der Lage zu sein alles geschaffene und erreichte erbarmungslos zu zerstören. Beziehungen und die Nähe anderer Menschen begegne ich nur noch mit Misstrauen und dem Grundgedanken dass ich doch nur ausgenutzt und betrogen werde. Die Manie schreitet fort und nimmt mich weiter mit in die Tiefen meines unbewussten Daseins. Die Betrachtung und das

Verfassen dieser Sätze und Worte macht mich fast fassungslos. Wie kann es nur sein , dass es so ist und nicht real bleibt im Denken? Ich stelle mir heute zu meinem Glück wieder Fragen. Die Gedanken der Manie scheinen sich zurückgezogen haben und mir ist zumute als wäre ich aus einem schrecklichen Traum wieder aufgewacht in das normale alltägliche Leben. Die Bedingungen und die Forderungen die mein derzeitiges Leben an mich stellt werden wieder immer deutlicher. Mir wird klar zu entscheiden was ich machen muss und was ich machen kann. Der Drang alles erledigen zu müssen in kürzester Zeit ist abgelöst. Ich bin nicht mehr so müde und längst nicht mehr so erschöpft. Die Angst vor der nächsten Manie ist wieder da. Schwach wird mir klar, dass auch diese Phasen in meinem Leben durch mich selbst angekündigt werden. Es hat viel zu tun mit der Angst, die mir sagt, dass ich es nicht Wert bin ein frohes ausgeglichenes Leben zu führen.

Die Angst die aus der Kindheit feststeckt wie ein Schwert in einem Felsen. Manchmal habe ich den Eindruck, dass es angeschweißt ist an den Felsen.

Da ist wieder der Satz den Hermann Hesse geschrieben

hat:

Ein deutlicher und bedeutsamer Satz, die Folgen daraus bekomme ich am eigenen Leib immer wieder zu spüren, in oft brutaler selbstzerstörerischer Weise. Ob es wirklich Wege daraus gibt kann ich noch nicht fest behaupten. Allerdings ist mir klarer denn je, das die Folgen meiner Erziehung verheerend für mich sind und waren. Meine Anklage an die Form dieser Leistungsgesellschaft halte ich nun doch aufrecht. Es kann nicht sein dass Menschen an dem gemessen werden was sie leisten und es kann nicht sein, dass Menschen die nur Ihr Leben leben möchten, gezwungen werden zu tun was andere wollen. Die Hierarchie in dieser Welt kann und ist meines Erachtens: Menschen und lebensunwürdig!

Ich empfinde dort wird lediglich die reale Angst des Menschen ausgenutzt um Erfolg zu haben. Um diesen Missstand zu ertragen wird das eigene Gewissen mit Euro bezahlt um das Gewissen zu beruhigen.

Aber das ist denke ich eine andere Geschichte, vielleicht auch viel zu kompliziert für mich. Obwohl das sage ich deutlich: „Das Leben wird häufig auch bewusst viel schwieriger gemacht als es ist!"

Dazu werden immer neue Worte und Werte erfunden die Leben darstellen sollen.

Für mich ist es wie es ist:

„ Ich wurde geboren, ich lebe und ich werde sterben, danach wird nichts mehr von mir sein!"

Zusammenfassung

Süchtig ist eine Beschreibung die mich selbst darin verändert um einzusehen wie sich bestimmte Erfahrungen im Leben ganzheitlich zu mir selbst zusammensetzen um daraus zu profitieren. Ich denke ich gebe hier ziemlich deutlich zu erkennen, dass sämtliche Bedingungen die unser Leben hier in Deutschland bestimmen sollen, häufig nur auf Aggression und Angst aufgebaut sind. Die Folgen, die für das einzelne Individuum daraus resultieren, sind denke ich nicht abschätzbar. Aber ich denke, wenn ich ständig in Angst und Aggression leben muss, entstehen daraus die verschiedensten psychischen Erkrankungen. Es ist wie in einem Karussell.

Durch dieses von Macht und Geld aufgebaute System werden Menschen krank gemacht und dienen nur als Mittel zum Zweck. Sich daraus völlig zu entziehen, scheint mir fast unmöglich, denn es gibt ja für fast alles Gesetze und Regelwerke die Leben hier bestimmen. Ein kleiner Vorteil den ich für mich daraus gewonnen habe ist schlussendlich der, dass ich selbst erkenne was und wie es gemacht wird um mich irgendwie an die Wand zu drücken. Es ist schade dass es ist so wie es ist! Es könnte anders sein und es könnte besser sein. Wie kann ich sagen, die Erfahrung hat mich dazu gebracht mich als Individuum zu erkennen! Ich benötige Gelassenheit und Ruhe um mit mir harmonisch zu bleiben. Ich hasse Stress und Hektik, denn das sind häufig die Ursachen für Disharmonie und Krankheit.

Ich freue mich darüber, dass es mir gelungen ist, so zu leben wie ich lebe. Mir ist bewusst, dass nur ich selbst der Gestalter meines Lebens bin und ich mir von niemanden sagen lassen brauche, was für mich das Richtige und Falsche ist. Aus meinen gesammelten Erfahrungen, die sicher nicht alle schön waren. Drogensucht,

Alkoholismus, Herzinfarkt, Darmerkrankungen, Bipolarität, traumatisiert, Suizidversuche. Acht Psychiatrieaufenthalte, insgesamt zwölf Therapien, insgesamt fast sechs Jahre in therapeutischen Einrichtungen oder Krankenhäusern.

Das soll keine Bilanz sein obwohl es ja auch eine Bilanz ist, ist mir heute klar, wenn ich es selbst gewusst hätte, wäre ich vielleicht andere Wege gegangen. Doch genauso klar ist mir heute, dass das was ich erlebt habe und erlebe, mein Leben und mein Weg ist. Dafür benötige ich keine Therapie um mir da sicher zu sein. Das einzige und ich finde auch dass Wichtigste an meinem Leben ist, dass ich erkannt habe dass alles zu meinem Leben gehört, was ich erlebt habe und erlebe. Am schönsten daran ist, dass mir so deutlich klar geworden ist, dass ich mich nicht verändern brauche, oder nach einer Heilung schreien brauche, wenn ich akzeptiere dass das was ich erlebt habe und erlebe, meine ganz persönliche Art zu leben war und ist! Daher stammt nun letztendlich der Titel dieses Buches:

„ süchtig"

Mir wird mehr und mehr bewusst, dass vieles von dem was ich selbst mache, nur die Abhandlung von dem ist, was ich selber erfahre. Die Intelligenz hilft mir dabei, mich auf die wesentlichen Merkmale des Lebens zu konzentrieren. Mich nicht davon ablenken zu lassen, was andere Menschen davon denken und welche Ratschläge mir gegeben werden.

Es wird mehr und mehr zu dem was ich bin und wer ich bin und bleiben möchte um bei mir selbst zu bleiben.

Häufig habe ich erlebt wie geschickt ich darin war, andere Menschen zu wählen um eigene Belange zu überspielen um nur nicht mit mir selbst zu tun zu bekommen. Angriffe von außen abzuwehren um daraus zu begreifen, was ich selbst möchte und vor allen Dingen dazu fühle. Vielleicht auch Wege zu finden mich gegen Angriffe zu schützen indem ich mein eigenes Empfinden in meine Gedanken integriere um davon die Freiheit zu erlangen, eigene konstruktive Entscheidungen zu finden.

Das war selbstverständlich nicht schon immer so einfach und es musste mir erst mal klar werden, was ich selbst mache um darüber hinaus mein eigenes Handeln zu verstehen und mich nicht dahinter verstecken, wie mein Handeln sich auf mich und auf andere auswirkt. In eigener Sache stelle ich für mich fest, dass es mir gelungen ist, mir und meinem Leben eine eigene Art und Sichtweise meines Lebens zu erarbeiten. Denken ist für mich ein heikles Spiel, denn es ist so inkompetent so lange ich das Fühlen und den Körper darin vergesse beziehungsweise nicht mehr mitschwingen lasse. Ich bin lange Zeit darin verfangen gewesen, das ganze Leben nur über den Intellekt zu steuern. Nun könnte ich versuchen das daraus resultierende zu vergessen, da es mich in die absurdesten Verhaltensweisen getrieben hat. Diese Verhaltensweisen haben mich immer und immer wieder an den Abgrund des Lebens getrieben, sprich zum Selbstmord.

Mein heute schlüssiger Weg daraus ist ein anderer Weg geworden, denn mein Denken um mich selbst hat sich insofern verändert, dass ich heute einsehen kann, was mit mir selbst wirklich geschieht ohne dabei in den Wahn zu verfallen, dass ich für mich und mein einziges Leben hier auf dieser Welt was erreichen muss um etwas zu bedeuten! Ich denke heute das war falsch und es gibt für mich diese Art der Bedeutung des Lebens nicht mehr. Ich bedeute mir heute mehr als je zuvor, denn der Einklang zwischen Körper, Geist und Seele gibt mir Recht darin, das dies der gelungenerer „Lebensweg„ ist.

Klarheit ist nicht mehr das klare Denken, obwohl es sich aus der ganzheitlichen Sichtweise ergibt. Klarheit ist für mich die Gesamtheit zwischen Körper, Geist und Seele geworden.

Meine Einsicht in die Strukturen dieser Welt kommen so nicht mehr von außen, sondern ich selbst stelle mir meine Strukturen auf. Ich entscheide mich selbst dazu was mir wichtig erscheint und von was ich die Finger lasse.

Ich habe sicher viel über die verschiedenen Regeln und Gesetze gerade in diesem Buch gesagt, doch bin ich dadurch auch dahin gekommen, dass mir einige dieser Gesetze und Regelungen auch ganz gefallen. Das heißt ich kann sie für mich akzeptieren und in mein freiheitliches Denken integrieren. Was wäre denn los hier in Deutschland würden wir anarchistisch leben? In meinen Vorstellungen käme es zu Mord und Totschlag. Es macht Sinn die Menschen durch bestimmte Regelungen zusammenzuhalten.

Das Geld ist ein wesentlicher Bestandteil auch in meinem Leben geworden, es ist ein Mittel dafür, dass ich mir selbst damit einen Rahmen schaffe der mich selbst darin hält, dass ich hier überhaupt ganzheitlich Leben kann.

Die Frage nach dem Kreislauf erschließe ich mir darin, dass das Leben vom Anfang bis zum Ende nichts besonderes ist, sondern dass es biologisch schon eine vorgezeichnete klare Linie ist. Ich werde geboren in bestimmten Verhältnisse, ich lebe gezwungener Maßen in diesen vorbestimmten Verhältnissen, zumindest solange bis ich auf mein eigenes Drängen heraus in meine eigens erdachte Welt gehe. Ich werde irgendwann sterben.

Ich finde klarer geht es auch gar nicht und um darin Leben zu können muss mir selbst erst mal klar sein, dass das so ist!

Ich empfinde es heute auch als angenehm, dass ich mir das Leben soweit selbst gestalten kann. Was für mich wichtig geworden ist, ist nicht dass ich von allem Übel geheilt werden muss, sondern dass ich selbst die Möglichkeit habe, mich mit dem auseinanderzusetzen, was im wesentlichen schon immer klar zu erfassen war.

Schlimm war für mich nicht einmal, dass ich für

Erkenntnisse bittere Jahre erleben musste! Schlimm war für mich in meinem einzigen Leben, wie tief ich in verschiedene Abgründe schauen musste, um überhaupt erkennen zu können, was wirklich schön und auch wirklich wichtig im Leben ist.

Was wirklich scheint, ist meiner Ansicht nach in wenigen Worten zu erfassen. Ich stelle so fest, dass ich schon viel erlebt habe und davon weiß, dass ich mit dem erlebten erstens fertig sein muss um gezielt, das zu erkennen, was mir davon für meine eigene Existenz als nötig und behutsam betrachtet, wertvoll ist. Es war nicht, nach besonderem zu trachten! Es sind die kleinen Dinge die mein Leben heute lebenswert machen, ohne beruflich nach Positionen zu verlangen lässt es sich viel gemütlicher leben. Es scheint für mich so, als hätte ich in den Jahren wo ich mich für Positionen und Titel hergegeben habe, hatte ich von mir einen Großteil unterdrücken müssen um in einem kopfgesteuerten System zu funktionieren. Um das auf den Punkt zu bringen:

„ Es war immer so, dass es mir vorkam als würde in mir

selbst noch jemand anderes leben, der so gerne leben wollte, aber den ich nicht leben lassen konnte / wollte"! Es war bestimmt wieder Angst die mich daran hinderte, dabei ist Angst mir doch so ein toller Partner geworden.

Eine zweite Person, nämlich die die sich in mir ständig zeigte und mir widerwillig erklärte, dass es was anderes gibt, als dem erzieltem Titel zu folgen. Abteilungsleiter war die Position, ich allerdings war nicht der Abteilungsleiter! Es war nur mein Kopf dem es zwar gelungen ist, die Position des Abteilungsleiters darzustellen. Der seine Macht nach unten hin ausgespielt hat, aber Abteilungsleiter war ich niemals selbst, denn ich hatte nicht nur meinen Kopf, sondern da war noch das Gefühl und der Körper. Das Gefühl litt ständig unter dem Druck bestimmte Gedanken zu erfüllen um daraus einen finanziellen Profit für das Unternehmen zu erlangen. Eine permanente Überforderung stellte sich dabei ein. Die Harmonie sollte sich so einstellen, dass ich mit Geschäftspartnern, die schließlich für ein anderes Unternehmen wiederum auch nur Profit machen wollten, so zu kooperieren, dass ich als finanzieller Gewinner dastehe.

„ Ein Mensch der fühlt, geht nicht dem Kopf nach. Er fühlt und stellt fest, dass Gedanken nur Gedanken sind und keine Art ein Leben zu gestalten".

Der Körper sendet ja dem Kopf ständig Informationen und diese Informationen wollen umgesetzt sein um daraus harmonisch mit allem leben zu können. Körper, Geist und Seele sind nicht voneinander trennbar. Die drei geben die Einheit Mensch aus und keiner der drei darf vernachlässigt sein, denn daraus würde sich ergeben, dass der Mensch krank ist oder krank wird. Das ist ziemlich einfach und auch deutlich. Um das einsehen zu können haben wir Menschen nicht mehr die Wahl zwischen Körper, Geist und Seele abzuwägen, was wir für eine freie, zufriedene „Lebensart" benötigen.

Für mich kann ich jetzt sehr klar sagen, dass ich heute darüber bewusst bin, dass es eine beschissene Zeit gewesen ist, als ich ständig versucht hatte, teile von mir zu unterdrücken oder zu kompensieren.

„Jeder Mensch sollte verstehen, dass Menschen besser so leben sollten wie Tiere"!

Um das nochmal herauszustellen, denke ich an ein Reh oder an einen Elefanten und dabei wird mir doch deutlich und offensichtlich, wie diese Tiere nur mit dem ganzheitlichen Geschöpf leben.

Also heißt das auch: Wir benötigen, Essen, Trinken, eine Familie, Schlaf und Fortpflanzung um praktisch mit dem Leben umgehen zu können. Um gesund zu sein. Harmonisch zu sein. Harmonie verstehe ich als perfektes Zusammenspiel zwischen, Körper, Geist und Seele!

Ich habe verstanden, dass es wirklich so ist. Wenn ich mich diesen Notwendigen Dingen stelle, was hab ich dabei zu verlieren? Ich freue mich ja regelrecht auf die Zeit in der ich sagen kann, für mich gilt es danach zu leben wie es mein Geist, mein Körper und meine Seele es mir vorgeben. Das umzusetzen bedarf allerdings einen anderen Umgang mit meinen Gewohnheiten. Es beginnt ja schon damit, aus den Gewohnheiten zu erfahren dass es nur Angewohnheiten sind, die sich schließlich verändern lassen.

Aus den Gewohnheiten könnten ja zu meiner inneren Freude, befreiende hilfreiche emotionale Änderungen entstehen. Änderungen die mir einen anderen Blick und ebenso ein anderes Denken bescheren. Ich brauche nicht mehr an mir selbst festhalten wenn ich schließlich von alten bis dahin notwendigen Angewohnheiten Abstand nehme und mir das in Gedanken mehr oder weniger von außen betrachte. Eine Sicht bekomme, die ich schließlich noch nicht kannte. Da stellt sich die Zufriedenheit von selbst ein. Es bedeutet ja auch loslassen, mich davon zu befreien um neues zu erforschen, zu erkennen was meine Lebensart noch zu bieten hat.

Eine gedankliche Reise in eine bessere Zeit, nämlich in die Zeit wo es sich lohnt zu erleben. Altes muss gehen um für neues Platz zu schaffen. Wieder in eine gleichmäßige Harmonie zu kommen die aus dem vergangenen gelöst ist.

Alle Momente in denen diese Harmonie mit mir gestört ist, liegt an Gründen die aus mir herauskommen: Körper, Geist oder Seele, ziemlich logisch erscheint mir diese Erklärung um damit auch eine zufriedenstellende Antwort zu bekommen. Die Antwort auf die Frage, was in meinem Leben einen Sinn macht, erklärt sich darin. Nehme ich als Beispiel Zahnschmerzen. Ein scheinbar körperliches, nervliches Symptom. Nur was ist mit der Seele und mit dem Geist. Die Seele löst in diesem Zusammenhang einen aggressiven Reiz aus, der dann in der Verzweiflung endet. Der Kopf kann kaum einen klaren Gedanken fassen. Diese Zahnschmerzen machen schließlich den gesamten Organismus zu schaffen. Wie schon gesagt und ich denke dass ich auch dabei bleibe. „ Jeder / e bestimmt letztendlich für sich alleine"! „Jeder / e hat nur mit sich selbst zu tun"!

Menschen haben häufig vergessen indem sie dem nachlaufen, was sie sich mit Geld anschaffen können. Nur das hat keinen Nutzen, denn ihr Geld können sie weder essen noch trinken. Wie lange habe ich geglaubt, mir mit gemachten Werten, eine zufriedene Lebensweise einkaufen zu können. Doch das hat nicht funktioniert. Ich erlitt Schiffbruch damit. Ich habe nur konsequent mit dem Leben gebrochen gehabt und die Ernte daraus war Stress. Welch fatale Folgen so ein Leben mit sich brachte lässt sich genau an meinem Leben erkennen.

Richtig dem Sinn und auch dem Wort nach, war es Wahnsinn. Die Gedanken um das Leben sind dadurch völlig von dem abgekommen was sich wirklich und vollkommen lohnt. Wir haben nur eine kurze Weile auf dieser Erde. Wir brauchen niemandem irgendwas beweisen. Nicht mal uns selbst! Ziele machen wohl einen bestimmten Reiz aus, aber wenn ich ein Ziel erreichen will, meistens sind es Ziele die höher gesteckt sind, als einer unserer notwendigen Eigenschaften aushalten kann, muss ich dafür von mir und dem so verstandenem Leben etwas einbüßen. Ich frage mich heute eher, warum wir häufig so sind? Die Antwort darauf kann ja folglich nur sein, dass wir durch falsche Einsichten nicht mehr denken können, was wirklich richtig ist. Erfolg ist ja nicht, dass erreichen von Zielen, sondern die Chance zu nutzen, um sich selbst in Frieden und Harmonie zu bringen. Knapp heißt es:

„ Leben, leben"!
Nicht etwas erreichen um zu leben.
Nicht Haben um zu Sein.

Manchmal denke ich einfach nur, was ich nur mit Denken

erreichen will, muss daran scheitern, dass sich das Leben nicht denken lässt. Genau da beginnt auch der Ansatz zu Leben. Leben aus dem was nicht vorgegeben ist, sondern leben aus dem was sich von selbst ergibt. Eine schöne Zeit wird darauf folgen, denn plötzlich ist nichts mehr wichtig. Nichts hat Wert.

Sicher haben wir vieles von dem angenommen was sich durch die Geschichte als Angewohnheit ergeben hat. Vieles lässt sich auch wahrscheinlich gar nicht mehr verändern, denn das menschliche Verhalten ist ja doch durch die Gewohnheit geprägt und durch die Einflussnahme durch vielerlei Regelungen und Gesetze werden wir doch letztendlich davon geprägt und nehmen die Gewohnheit und das Verhalten in der Gruppe schließlich als natürlich an. Obwohl ich sagen möchte, dass uns diese vielen Regeln und Gesetze doch auch dahin bringen sich selbst als Wesen nicht mehr zu verstehen, weil wir darin nicht mehr merken, wie wir oft bedingungslos meinen, dass wir daraus Kraft und sogar Frieden schöpfen können.

Ich persönlich stimme dem nicht mehr zu, denn ich denke mir, dass ich in meinem Verhalten eine eigene Art entwickelt habe, die mich an dem vorgegebenen Verhalten zweifeln lässt. Ich bin sehr kritisch, allerdings auch aufgeschlossen darin meinen eigenen Weg zu gehen. Ich spüre doch aus diesem Verhalten, dass es sehr viel angenehmer ist und ich dadurch auch sehr unabhängig von anderen Meinungen bin. Mir ist es halt einfach nicht genug nach Rang und Namen zu urteilen, mich selbst darin zu beschränken verschiedene Titel oder Auszeichnungen zu haben um was darzustellen. Ich denke mir, dass es meistens niedere Beweggründe sind die dem Menschen dazu verleiten aus erreichten Zielen unmenschliches denken zu vollbringen. Sich praktisch auf einen Sockel zu stellen nur darum sich von anderen hervorzuheben und als Individuum dastehen wollen. Ich meine das ist fernab vom Leben selbst, da gehört meines Erachtens eine Menge Selbstbetrug dazu.

Der Betrug liegt darin, etwas zu sein was ich nicht bin. Ich bin weder ein Beruf noch bin ich ein Titel, noch bin ich eine Persönlichkeit die einen bestimmten Rang hat und diesen mit allen Mitteln behalten muss. Unabhängig bin ich in der Zwischenzeit vom Wert und das stimmt mich froh, denn in dieser Erkenntnis eröffnet sich eine

Sichtweise über das Leben, die auch allen anderen den Raum lässt sich selbst zu erkennen.

Schließlich bin ich frei und dazu habe ich ein großes Stück der Freiheit die ich irgendwie immer haben wollte.

Denn ein Titel oder ein bestimmter Beruf begrenzt mich nur darin so zu sein wie ich bin. Die Erwartung die sich aus bestimmtem Verhalten ergibt ist für mich die, dass ich in der Flexibilität die meine Lebensart ergibt, unfrei werde und nur gezielt und nur von Gedanken gesteuert existieren kann.

Ich meine das ist ein Irrglaube, der mich als Mensch nur zum versagen leiten kann.

Eine eigentlich sehr traurige Geschichte!

Schlusswort

Süchtig ist das dritte Buch was ich geschrieben habe. Es hat andere Ansätze als die anderen Bücher. Doch bin ich mir sicher Wege gefunden zu haben, das auszudrücken was mich bewegt und mit welchen Intuitionen ich einen gangbaren Weg in der hiesigen Gesellschaft gefunden zu haben.

Ich habe versucht in diesem Buch deutlich zu machen, dass es aus fast allen Lebenssituationen Auswege gibt und ich denke auch, es sich lohnt zu leben, aber ich meine nur das es lohnt wenn wir gelernt haben selbst zu denken und unsere Entscheidungen nicht durch andere Meinungen beeinflusst sind. Herauskristallisiert habe ich mehrfach, das wir in einem System leben. Ich denke nach wie vor, dass das Leben kein System hat. Ich lebe weil ich geboren wurde, darauf hatte und habe ich keinen Einfluss. Ich verstehe mein Leben als eine Reise vom Ei und Samen zum lebendigen alternden Wesen, gleich der Tiere, bis hin zum biologisch bedingten Tod. Ein Prozess der vom Anfang bis zum Ende von vornherein klar ist.

Süchtig stellt dar was sowieso schon klar ist. Was wir brauchen und wofür wir hier auf der Erde sind, wird schon im Begriff " Leben „ klargestellt.

Das einzige Wesen auf dieser Erde was das Leben komplizierter macht als es ist, ist der Mensch! Warum ist das so?

Das einzige Wesen auf dieser Welt, welches meint höher zu stehen als andere Wesen, ist der Mensch?

Bedenklich dabei ist: Das einzige Wesen welches seinen eigenen Lebensraum zerstört, ist der Mensch!

Die Frage die sich mir stellt:

Leben Menschen oder folgen sie nur ihren Gedanken?
Ein Mensch ist die Einheit: Körper Geist und Seele. Wenn eins der drei aus dem Gleichgewicht ist, ist das Verhältnis Körper , Geist und Seele gestört und funktioniert nicht mehr zur Zufriedenheit. Aber es gibt nun mal so vieles was dieses rhythmische biologisch intakte stört. Sei es das Denken oder dass zu viel denken, sei es der Drang alles in Systemen zu gestalten. Sei es der Zwang sich durch die Schule und den Beruf zu quälen. Sei es die teilweise missratene Erziehung durch die Eltern.

Immer wieder stelle ich mir die Frage, ob es lohnt dort hinzusehen was längst gewesen ist.

Ein schöner Vers dazu:

Es gibt nur einen Tag im Leben den es lohnt zu leben, nur an diesem einen Tag kann ich wirklich etwas bewirken. Etwas tun oder nur Dasein um zu leben. Dieser Tag ist der einzige Tag den ich wirklich erlebe. Dieser eine Tag ist heute!

Alle anderen Tage sowie gestern und morgen kann ich getrost vergessen. Denn alles was gestern geschehen ist, lässt sich nicht mehr verändern. Alles was kommen wird kann ich nicht einschätzen, da mir nicht klar ist was kommen wird.

Nun bleibt wirklich nur dieser eine Tag übrig an dem ich lebe:

Heute ist mein Tag!